远　见　成　就　未　来

幼年的弗里达（1911年）在家中。

迭戈·里维拉（1886—1957），墨西哥代表画家之一。他受立体主义影响，将墨西哥民族传统与社会主义主题融合在一起，创作了许多此类风格的壁画。

《穿天鹅绒衣服的自画像》(作于1926年，个人收藏)，这是19岁的弗里达为亚历杭德罗画的第一幅自画像。

《弗里达和迭戈·里维拉》(作于1931年,旧金山现代艺术博物馆藏)。

《亨利·福特医院》(作于 1932 年,个人收藏)。

《我的祖父母、我的父母和我》(作于1936年,纽约现代艺术博物馆藏)。

《多萝西·黑尔的自杀》(作于1938—1939年,菲尼克斯艺术博物馆藏)。

《两个弗里达》(作于1939年,墨西哥现代美术馆藏)。

《希望之树,要坚强》(作于 1946 年,个人收藏)。

《生命万岁》(作于1954年,弗里达·卡罗博物馆藏)。

我是
弗里达·卡罗

所有的痛苦都将成为我艺术的营养

筑摩书房编辑部 著

龙利方 译

中国出版集团
中译出版社

图书在版编目（CIP）数据

我是弗里达·卡罗 / 日本筑摩书房编辑部著；龙利方译. -- 北京：中译出版社，2019.7
ISBN 978-7-5001-5874-5

Ⅰ.①我… Ⅱ.①日… ②龙… Ⅲ.①弗里达·卡罗（1907-1954）—传记 Ⅳ.①K837.315.72

中国版本图书馆CIP数据核字（2018）第300943号

CHIKUMA HYODEN SERIES "PORTRAIT" FRIDA · KAHLO: HIGEKI TO JONETSU NI IKITA GEIJUTSUKA NO SHOGAI

Copyright © CHIKUMASHOBO LTD. 2015

Chinese translation rights in simplified characters arranged with CHIKUMASHOBO LTD. through Japan UNI Agency, Inc., Tokyo and Hanhe International (HK) Co., Ltd., Beijing.

版权登记号：01-2018-8198

我是弗里达·卡罗

出版发行：	中译出版社
地　　址：	北京市西城区车公庄大街甲 4 号物华大厦六层
电　　话：	（010）68359101；68359303（发行部）；68357328；53601537（编辑部）
邮　　编：	100044
电子邮箱：	book@ctph.com.cn
网　　址：	http://www.ctph.com.cn
出 版 人：	张高里
特约编辑：	楼伟珊　冯丽媛
责任编辑：	郭宇佳　张孟词
封面设计：	肖晋兴
排　　版：	壹原视觉
印　　刷：	北京中科印刷有限公司
经　　销：	新华书店
规　　格：	787 毫米 ×1092 毫米　1/32
印　　张：	5.75
字　　数：	52 千字
版　　次：	2019 年 7 月第 1 版
印　　次：	2019 年 7 月第 1 次

ISBN 978-7-5001-5874-5　　　　　　　　　　　定价：32.80 元

版权所有　侵权必究
中译出版社

疼痛给我发出了信号,它似乎赋予了我一种看不见的力量,让我再次站起来。

——弗里达·卡罗

写在前面的话

在墨西哥有一位名叫弗里达·卡罗（Frida Kahlo）的 20 世纪代表画家。也许你没有听过这个名字，但你可能看过这样一幅美丽的女性肖像画——充满了异域情调，她的"一双浓密的眉毛，在眉心处连在一起，黑色的瞳孔，仿佛看穿了人心"。

弗里达的一生只有短暂的 47 年。她小时候得了小儿麻痹症，高中时遭遇车祸，身负重伤，一生经历了 30 多次手术，尝尽了无数痛苦。她的丈夫迭戈·里维拉风流成性，也让她饱受了感情的折磨。对此，她曾说："我的一生有两次灾难，一次是遭遇车祸，另一次是遇到迭戈。"

她集美貌、才华、知性于一身，同时伴随她一生的"痛苦"激发她创作出了200多幅作品。现今，仍有无数人为她的作品所吸引，也给予了她越来越高的评价。弗里达为何会如此受关注？我认为，原因有两点：

其一，她表达痛苦和绝望的方式简单而直接，在让人感到不可思议的同时，也给人以希望和力量。例如，她的画中往往充斥着触目惊心的伤口、鲜血、苦痛和悲伤……她的作品描绘的主题大多无法带给人轻松舒适的感觉，也不适合挂在墙上，它们彻底否定了"艺术就是要给人以安宁和幸福感"的简单认知。

她所表达的痛苦，不同于现在流行的"浮夸的、没有主旨的"强说愁，而是带给人一种真切的、贴近痛苦和死亡的直观感受。

也正因为如此，才会让观赏者同时感受到一种不屈服于不公命运的强大意志力和生命力。

痛苦是对生命发出的警报。被火烧到的人如果感受不到灼痛,就会被烧死。生命处在与死亡的不断斗争当中,因而越是痛苦,就越能显示它的强大存在。

弗里达通过描绘痛苦,揭示了生命的强大;通过描绘死亡,期待着斑斓世界的再生。

为生命的延续而画画

其二,与其说弗里达是为了艺术而画画,不如说她是选择以这种方式来延长生命。个人作品容易陷入自我的局限性,从而丧失普遍性,但弗里达凭借自身的热情和激情避免了这种局限性。

能够跟随时代变化而变化,摆脱文化和常识的局限,永不过时——这就是在艺术领域将

"自我"升华的体现。弗里达正是从"什么是普遍的美"这一近代艺术观出发解放自我,不停创作,不让自己迷失方向。

弗里达在一系列自画像中倾注了极大热情,色彩的运用也颇为绚丽。也许是受墨西哥本土风情和文化,以及被称为还愿图(retablo)的传统宗教画的影响,弗里达甚至在她的矫正胸衣上也画上了鲜艳的图案。这让我们看到,弗里达的力量也是五彩斑斓的。

躲在自己的小世界里顾影自怜——弗里达比任何人都无法接受这样的自己。也许,弗里达想要用原色的鲜艳来彰显自己与痛苦和死亡共存以及为生存而战的意志和决心。

> 我的身体是羸弱的,而且不会再复原。
> 死亡时时刻刻都盘踞在我的生命里,这让
> 我就像是一只等待死亡的动物。死亡太强

大了，我没有力气再与它抗争。……人生也是残酷的，它向我发起了猛烈的进攻。我在进行一场极为残酷的游戏，手里却没有拿到更好的牌，黑色的塔罗牌刺穿了我的身体……

疼痛给我发出了信号，它似乎赋予了我一种看不见的力量，让我再次站起来。我不知道这是怎么回事。未来已经不存在，但过去在肆意生长，根茎在我的身体里蔓延开来，我却没有足够的力气将这一切全部描绘出来。

啊！马格达莱娜·卡门·弗里达·卡罗·迭戈·里维拉，瘸子女王陛下，在这个墨西哥的盛夏季节，她已经47岁，她已经破烂不堪，她还在一如既往地饱受难以忍受的痛苦折磨，并且再也无法痊愈。

阿兹特克的死神啊！米克特兰特库特

利啊，神灵啊，请让我自由吧。

弗里达本人及其作品曾一度随着她的死亡而被世人遗忘，直到20世纪70年代，以德国为代表，欧洲的女权主义者使她再次焕发了光芒。

女性、孩子、残疾人、病人和移民等弱势群体，对她自画像里的"个人感受"产生共鸣，使之变成一种"社会性感受"，也再次把弗里达的世界呈现在世人面前。墨西哥知识界也对她抱以极高的敬意，一股"弗里达热"席卷开来。

现如今，弗里达的作品已经超越国界，激励着更多的人。这股热潮不仅波及艺术家和艺术爱好者，也深刻影响了墨西哥贫困的印第安人、美国的拉美裔移民以及青少年等群体。人们拥戴她，奉她为"现代圣像"。

照耀着每个人内心深处隐藏的痛楚并带给人活下去的勇气和希望——这就是弗里达的作品和她的一生带给我们的体会和感悟。现在,就让我们一起踏上追寻弗里达的旅程吧。

目　录

第一章　我从哪里来？　*1*

第二章　车祸　*25*

第三章　大象和鸽子的结合　*45*

第四章　稍稍掐了几下　*73*

第五章　离婚与复婚　*101*

第六章　希望之树，要坚强　*119*

年　表　*141*

参考文献　*147*

思考题　*155*

第一章

我从哪里来？

父亲——吉列尔莫·卡罗

1907年7月6日早晨，在墨西哥首都墨西哥城的科约阿坎，马格达莱娜·卡门·弗里达·卡罗-卡尔德龙（弗里达·卡罗的全名）诞生了。当时她的祖父母以及外祖父都已经不在人世。故事为什么要从这里讲起呢？因为弗里达的父母——吉列尔莫·卡罗（原名卡尔·威廉·卡罗）和玛蒂尔德·卡尔德龙-冈萨雷斯在那个动荡年代所经历的一切，或许在某种程度上，对弗里达的性格形成以及人生道路的选择产生过深刻影响。

那么弗里达的父母来自何处、如何相识以

及弗里达又是怎样诞生的呢?

1872年,弗里达的父亲威廉出生于德国西南部的巴登-巴登,是一个有着匈牙利血统的犹太人。十几岁时,他对文学和艺术充满了热爱,是一个领悟力很强的聪慧少年。当18岁的他对未来充满彷徨之际,母亲不幸病逝。一年后,他的父亲再婚,从此他对家庭渐渐产生了疏离感。

失意中的威廉决定前往当时欧洲大多数年轻人憧憬的美洲,"开拓自己的人生道路"。墨西哥的骄阳和大地,像一道强光一样射入威廉的内心,使他无法释怀。或许是因为那些褐色皮肤的人们、肆意生长的仙人掌、形式奇特的服饰和音乐以及人迹罕至的丛林,给身处孤独和不安中的年轻人带来了慰藉和力量。

幸运的是,父亲雅各布·卡罗虽然不能理解儿子的决定,但并没有反对和阻拦,最后怀着既担心又支持的复杂心情接受了儿子的决定。

19岁的威廉来到汉堡港,只身一人登上了驶往南美的船只(此后,他再没有回过故乡)。临走之际,雅各布告诉儿子:"无论你去往世界的任何地方,我永远都会支持你。"

母亲——玛蒂尔德·卡尔德龙

在弗里达的父亲威廉出生4年后的1876年,她的母亲玛蒂尔德出生于墨西哥西南靠近赤道的瓦哈卡。玛蒂尔德的母亲有西班牙血统,父亲有印第安血统,她们育有12个子女,玛蒂尔德是其中最大的。她不仅性格坚强,而且头脑聪明,但或许是身为长女的缘故,她几乎没有时间学习,所以毕生都不会阅读。

母亲个子不高，有一头褐色的头发。她上街时，会系上漂亮的腰带，提着鲜艳的篮子。她是一个情商很高、性情活泼、精明能干的女子。虽然不会阅读，但很擅长理财。

从汉堡港乘船到达南美的年轻人威廉，此刻已经来到了新天地——墨西哥。对他来说，那一刻仿佛是新世纪的前夜。当时的墨西哥，在经历了几十年的国家解放战争后，由独裁者波菲利奥·迪亚斯执政，享受着暂时的和平和繁荣。

当时的墨西哥积极接纳移民，威廉很快就谋得一份会计工作，没过多久又成为一名书店职员。他学习西班牙语，积极适应墨西哥的生活习惯，生活逐渐进入正轨。

命运再次出现重大转折是在7年后。其间，

威廉将自己的名字改为"吉列尔莫"——一个更像墨西哥人的名字，并在工作中结识了同事玛蒂尔德。吉列尔莫刚到墨西哥没几年，就和一名墨西哥女子结了婚并生育了两个女儿。不幸的是，他的妻子在第二个女儿出生时过世。据弗里达回忆："在父亲第一任妻子去世的那天夜里，父亲向我的外祖母求助，外祖母带着母亲一起赶了过去。从那时起父亲就爱上了母亲，没过多久他们就结了婚。"

在吉列尔莫身陷困境时，玛蒂尔德也在经历她人生中的一大不幸——她的未婚夫在她面前自杀了。这件事给她造成了终生无法愈合的心理创伤，对此后的婚姻生活以及弗里达姐妹几人也都产生了很大影响。

玛蒂尔德和吉列尔莫，两个彼此都渴望得到安慰的人在1898年结了婚。吉列尔莫受岳父安东尼奥·卡尔德龙的影响，开始学习摄影并成为一名职业摄影师。也是在这一时期,他购买了位于科约阿坎的"蓝房子"——这栋房子的里外都涂满了蓝色。他的妻子对这栋房子非常中意。

在此后约20年的时间里,这栋房子因房主人及来访者而闻名于整个墨西哥。再经过半个世纪,这栋房子已不同于往昔,但恐怕当时谁也不会想到它会变成今天的弗里达·卡罗博物馆。

墨西哥革命之女

弗里达出生于1907年7月的一个早上,实际上,关于这个生日还有一个小故事。弗里达后来篡改了自己的生日并编造了一个"传说"。

谁都不知道我的生日是哪一天。究竟是 1907 年 7 月 6 日,还是 1910 年 7 月 7 日?大家好像都很喜欢在生日这件事上做点文章。

实际上,这个国家的大多数人都不知道自己的生日。有人是原本就不知道,有人是为了能获得一些政策上的好处而篡改了生日……我就是生在这样一个充满了无政府主义者、魔术师和巫师的国度里。

我是在 1910 年墨西哥革命爆发时出生的。我出生时,革命战争正如火如荼,炙热的太阳孕育了我,我在噼里啪啦的枪声中长大,长大的我也化为了火焰。毋庸置疑,我就是革命之女。

然而,毫无疑问,弗里达确实出生于 1907 年 7 月 6 日清晨。她顺利地来到世上,一个健康而可爱的小婴儿，玛蒂尔德和吉列尔莫的第三个女儿，一切看起来都那么完美。

吉列尔莫坚持要给这个女儿起一个很像德国人的名字——"Frieda"。但神父认为，"这个名字违背了圣人历法"，无法接受。虔诚的天主教徒玛蒂尔德也极力反对，认为如果取这个名字的话，孩子甚至都不能接受洗礼，而这样的人生势必会招致恶魔的诱惑。然而，吉列尔莫坚持要用这个名字，因为"它包含了五位圣人的名字，并且'Friede'一词在德语中的意思是'和平'"。他希望女儿的名字能有美好的寓意。

在吉列尔莫的强烈坚持下，神父、妻子和亲戚们只好接受。

弗里达虽然是作为父亲"特别的女儿"来到世上，但这并没有给她带来特殊的优待。母亲在她出生两个月后，再次怀孕，十个月后生下了她的妹妹克里斯蒂娜。她很快就失去了作为最小女儿的地位，从此几乎再也没有受到过更多的呵护和宠爱。

然而，没有被过度宠爱的孩子往往懂事较早。她活泼好动，聪明异常，精力充沛得甚至连克里斯蒂娜的那部分精力都给霸占了。作为克里斯蒂娜最小的姐姐，她带着妹妹玩耍，照顾她洗澡、吃饭，事无巨细，做什么都要在一起。无论好坏，她都一股脑地教给了妹妹。据说，当她在家里横冲直撞时，克里斯蒂娜也跟在她后面一边追赶一边大喊大叫。每当看到这个情景，玛蒂尔德就会向丈夫抱怨说："弗里达辜负了这个名字的美好寓意。"吉列尔莫马上反驳说："应该说那个名字充满了活力。和平不是靠待在那里一动不动等来的。弗里达非常聪明，而且会越来越聪明。"

他还经常说，"不要期望我能对所有女儿一

样看待。虽说这四个女儿我都爱，但实际情况是，弗里达比其他孩子更聪明，也更知道如何把自己的能力发挥出来"。

丈夫显然比自己擅长辩论，玛蒂尔德完全无法招架。这时，她只能一言不发地低下头。没读过书的她不可能跟丈夫平等对话，只好默默地帮独自吃饭的丈夫盛饭。

尽管如此，吉列尔莫绝非是个独断专行的人。对他而言，墨西哥永远都是异国他乡，他有着他人无法体会的孤独。为了维护自己，这也许是他处理这种关系的最佳方式。

不久，弗里达和克里斯蒂娜开始一起上幼儿园了。弗里达有着不输成人的洞察力，经常对同学和老师毫不客气地批判，完全不把他们放在眼里。她也许是希望被人刮目相看，但实际上在周围人看来，她的这种行为非常浮躁。

有一次，在老师讲到广袤的宇宙时，她听

得过于专注，竟然忘了上厕所，尿湿了裤子。尿裤子在幼儿园是很常见的事，老师给他们换上干净的内裤就可以了。可是，可能是她讨厌给她换内裤的女孩，也可能是她觉得这件事令自己十分难堪，她竟然对那个女孩产生了强烈的敌意。

每当在街上看到那个女孩时，弗里达就会冲上前去，勒住那个女孩的脖子，直到周围的大人把她拉开才肯罢休。母亲训斥她："你知道自己在干什么吗？"她反驳说："我讨厌她！"母亲恐吓她这么做会下地狱，可她还是坚决不道歉。

"瘸子"弗里达

没过不久，弗里达人生中的第一场悲剧降

临了。有一天,她和父亲一起去附近的公园散步,不小心被一棵大树的树根绊倒了。原本以为只是擦伤,但她的右脚开始剧痛,第二天竟然无法起床了。

这是她人生中的第一次痛苦经历,并且这种痛苦伴随了她一生。反复诊断的结果是小儿麻痹症。接下来 9 个月的时间里,弗里达都无法行走。每天,她逐渐萎缩的右腿要么是泡在浴缸里,要么是用温热的湿布包裹起来。相较于正常的左腿,打上石膏和绷带后的右腿又细又短。待疼痛逐渐缓解后,弗里达开始拖着有些萎缩的右腿行走,周围的孩子背地里管她叫"棍子腿弗里达""瘸子弗里达"。每当听到这些话,她就会挥着拳头狠狠地说:"你给我等着。""混蛋!你给我记住,早晚有一天我会杀了你!"愤怒的弗里达咬紧嘴唇,像是要咬出血来。

弗里达从一开始就明白,生活变成了现在这个样子,已经再也无法回到过去了。生性高傲的她还是要装出一副没有受到伤害的姿态去面对周遭的辛辣讽刺。如何才能忘记自己身上的缺陷呢?如果无法忘记,那就选择习惯!周围人冷漠甚至残酷的目光,使她明白现实对残疾人是非常不友好的,但这就是现实。

吉列尔莫比以往更加关心弗里达,而玛蒂尔德却变得有些神经质。在弗里达眼里,母亲开始对任何事情都横加干涉,似乎是就不和谐的夫妻关系和家庭生活发泄不满和进行报复。也许是因为无法控制自己的不安和失望,玛蒂尔德把这种歇斯底里的情绪全部转移到了女儿们身上。

在此需要解释一下。

书中在讲到弗里达时,用到了"瘸子"一

词，毋庸置疑，这是一个对身体不健全的人的歧视性用语。弗里达永远无法忘记在周围人这样喊她时，她的内心受到了怎样的伤害，而这对理解弗里达的性格和经历非常关键。因此，对于书中用到"瘸子"一词，希望读者们能够谅解。

"卡丘查"社团

病痛的折磨和周围的歧视，让弗里达变得非常孤独，也让她和对她寄予厚望的父亲变得更加亲密。父亲教她如何使用照相机，后来又教她冲洗胶片和手工着色。当时这些操作所需的严谨和精细程度是我们无法想象的。掌握这些方法对她在将来绘制自画像时起到了关键作用。

父亲外出摄影时，会带姐妹中的一人随行，一边让她协助自己工作，一边教她学习摄影。从这时起，弗里达对大自然产生了兴趣，后来她开始关注自然界的生命、规律以及轮回。

1922年，弗里达放弃了当地学校，选择报考墨西哥首屈一指、升学率最高的高中，尽管去那里需要乘坐一个小时的电车。报考前，她的父母之间经常出现这样的对话：

"为什么非要选离家那么远的学校，更何况还是男女同校？"

"对弗里达来说，这根本不是问题，她将来要走的是一条你无法想象的通往成功的道路。让她去参加考试吧，落榜了再说，可如果通过了，那将是我们的骄傲。"

"她肯定会沦为一个没有信仰的人，再回到我们身边。"

弗里达报考的是国立预科学校，这是一所

为升入大学作准备的学校,是一所名副其实的名校。在过去的几十年里,这所学校里人才辈出,培养了许多著名学者、科学家和政治家等。在那个女子不需要学知识的年代,录取的每300名学生中仅有5名女生,而弗里达脱颖而出,顺利通过。

少女弗里达升入国立预科学校之时,20世纪20年代的墨西哥城掀起了一股"回归本源"的浪潮,倡导尊重墨西哥传统艺术。在这一时期,植根于本土文化的价值观重新得到审视,整个国家充满了生机和活力,也极大地推动了艺术和科学的同步发展。

进入高中的弗里达出落成了一名身材修长的女子,"她特别优雅"——谁都这么赞美她。她把头发从中间分开,整齐地梳在脸颊两侧,而这让她看起来更加严肃,孩童时期的稚嫩已经完全褪去。对于腿部的缺陷,她曾这样说:

升入高中后,世界的大门完全向我敞开,我甚至忘了腿上的残疾。以前有人经常朝我的硬皮靴上扔石子,发出沉闷的声音,从那时起我再也没有听到过。那些曾对我恶言相向的人,于己虽无半点好处,却还要中伤我,最终只能成为更弱小的人。

父母各自有着复杂的经历,自己又饱受腿部残疾的困扰,这使得生性敏感的弗里达在人际关系的洞察力方面更加擅长,所以没过多久,她就在同学之间的人际关系构成上摸清了门路。

作为墨西哥的名校,国立预科学校根据学生们的不同兴趣爱好和性格特点,成立了各式各样的社团。

弗里达加入了"卡丘查"团体社团——这是根据成员们头戴的帽子而命名的。这些成员在政治、艺术、文学、思想等多个领域发表评论，追求创造性、开放性、独创性和批判性，是一群桀骜不驯的恶作剧制造者。毫无疑问，"卡丘查"社就是一个精神上的无政府主义团体。在9名成员中，只有2名女生。他们中大部分是成年人，在墨西哥的知识界和大学等领域占有重要地位，所以这个社团在当时无论是知名度，还是胡作非为都是首屈一指的。加入这个社团，弗里达简直是如鱼得水。喜欢搞恶作剧（母亲则称之为品性恶劣）的她，从小就一直被严厉管教，但到这里总算有了用武之地。对弗里达来说，在友谊的旗帜下与社团成员一同"战斗"是一件多么开心的事啊！

"卡丘查"标榜通过回归祖国的本源来证明自我的社会主义。为了磨炼自己，他们博览群书——哲学、思想、历史、文学、诗歌，甚至同时代的报纸以及与政治相关的各国宣言等。他们谈论哲学家黑格尔和经济学家恩格斯，就仿佛那是他们的青梅竹马，说起小说家大仲马和陀思妥耶夫斯基时，就仿佛那是他们的老相识。

在这些朋友之间，为了更充分地表现自我，弗里达还创造了"弗里达流派"的说法。

我要为迭戈生孩子

与迭戈·里维拉的初次见面，正是在这个时期。1922年，迭戈作为国内著名画家，来为国立预科学校的大教室绘制壁画。

迭戈知道，"卡丘查"是不可能放过他的。他们曾想办法让画家们从画壁画的脚手架上摔下来，甚至还把绘画水桶砸到画家头上。看到他们言必称黑格尔和陀思妥耶夫斯基，迭戈只觉得好笑，这简直就像小孩子一样幼稚……这支队伍的领袖，毫无疑问就是弗里达，她把从小积累起来的丰富战斗经验发挥得淋漓尽致。

然而，作为一名画家，迭戈可以无视性别和年龄的差距，很快和人成为朋友。他能言善辩，性格爽朗，声称即便在工作期间也会接见来客，实际上他也是这么做的。他经常与人畅聊，有时加以解释，有时说些尖酸刻薄的话。而他和女人之间的绯闻从来没有断过。

从外表上看，他也是个与众不同的人。他身材肥硕，眼睛瞪圆，嘴巴很大，经常发出爽朗的笑声。他不管白天黑夜都身穿一件破破烂烂的衣服，头戴一顶大盖帽，从来也不摘下，这让他看起来更高了。对于喜欢搞恶作剧的弗里达和社团成员来说，这简直是最佳的捉弄对象。弗里达在他经过的走廊和每级台阶上认真地涂上肥皂，然后躲在角落里，看着迭戈拖着肥大的身躯来回走动，焦急地等着看他出洋相。

然而，迭戈可能身体太重了，每一步都走得缓慢小心。不知道他有没有注意到"陷阱"，总之他连眉毛都没皱一下，嘴角带着一丝微笑地穿过陷阱，像往常一样去工作了。

这让弗里达感到无比懊恼，她跟同伴们一句话也没说就回家了。

几天后，还没有从失望中走出来的弗里达，独自一人再次拜访了在大教室里画画的画家。墙壁的轮廓在画家笔下已经发生了很大变化，她被画中颜色渲染的活力深深吸引，看得入了迷。这让一旁陪着作画的画家妻子瓜达卢佩大为不满，不断催促她离开。

弗里达什么都不说，只是在旁边静静地看着。瓜达卢佩十分恼火，呵斥弗里达"滚出去"。弗里达站起身，讽刺似的夸张地甩了下裙摆，然后贵妇一般优雅地离开，而这是在3个小时后发生的事。其间画家迭戈沉浸在自己的创作中，丝毫没有注意到周围发生了什么，后来才听他的学生说，"那个女孩在这里待了差不多3个小时，走时只说了句'晚安'"。

后来，弗里达对身边的人说："我一定要给迭戈·里维拉生个孩子。"周围的人听了，下巴都要惊掉了。弗里达是一个不服输的人，如果事情不能如其所愿地发展，她就会拼命抗争，这也许就是她的性格写照。

实际上，当时的弗里达已经有了恋人——亚历杭德罗·戈麦斯·阿里亚斯，他来自于资产阶级家庭，英俊帅气，聪慧博学，也是"卡丘查"的成员之一。

前文提到的她篡改生日的事情就发生在这个时期。亚历杭德罗与她同一年级，成绩比她好，于是弗里达就把年龄改小，让自己看起来是因为年龄小才"输给他"，从而减少由此带来的懊恼和自卑感。弗里达实在太厌恶失败了！

她把出生年份改成1910年,正是在这一年,墨西哥革命家们推翻了独裁者波菲利奥·迪亚斯的统治,开始施行改革。也许弗里达希望自己是伴随着墨西哥革命理念一起诞生的。

第二章

车　祸

1925年9月17日，弗里达和亚历杭德罗一起开心地乘坐着巴士回家，他们并排坐着，一边聊天一边开玩笑……就在这时，车祸突然降临。他们乘坐的巴士和迎面驶来的电车相撞。关于相撞的那一瞬间，弗里达后来这样回忆道：

> 那次撞击很奇妙，并不剧烈，声音也不大，好像是慢慢撞到了一起。大家都遭遇了不幸，而我是最大的受害者。有人说我在发生车祸时又惊慌又哭泣，但事实不是那样，我根本没有哭。撞击时，我的身体被猛烈地向前挤压，扶手像刺向公牛的剑一样穿透了我的身体。

弗里达像一个被摔坏了的人偶躺在血泊中，有个乘客手里的金粉都撒在了她身上。看到她的样子，有一个乘客喊道："看呐，舞女，穿着金色衣服的舞女！"

不可思议的是，亚历杭德罗毫发无伤，他拼命地想要救助弗里达。周围有乘客看到金属扶手穿透了弗里达的身体，惊恐万分，喃喃道："那个女孩是不是已经死了，已经死了吧……"

救护车将她送往红十字医院接受治疗，诊断结果令人触目惊心：右腿十一处骨折，右脚踝关节脱臼粉碎；右肩关节脱位，腰椎两处骨折，骨盆三处骨折；锁骨、两根肋骨和耻骨骨折；金属扶手从左臀部穿入，穿破子宫，这将对生育造成严重影响；腹膜炎和膀胱炎需要长期疗养。虽然她很快被推进了手术室，但对于该如何处置，医生们一筹莫展，因为患者很可能在手术中死亡。情况如此令人绝望，一家人马上被召集到了一起。

姐姐玛蒂尔德从报纸上得知车祸发生后,马上赶到医院,不分昼夜地照顾了我3个月。母亲受到的打击太大,一个月都无法说话,甚至无法来探望我。父亲也是悲伤过度病倒了,20天后我才见到他。

主治医生对姐姐说:"状况非常糟糕,如果能恢复,那就是奇迹了。"家人受到巨大打击,甚至无法前来探望弗里达。姐姐明白,此时她必须保持冷静的判断力和超强的忍耐力,陪在妹妹身边。在接下来的几个月里,她鼓励妹妹振作起来,给予了弗里达悉心照料和精神安慰。

"除了脸,我的身上无一处幸免。"妹妹叹息道。姐姐说:"这真是不幸中的万幸。我还担心如果你连说话的舌头都没了,那该多痛苦啊,还好它没有受伤。"

"还有心,我的心还是健全的,"弗里达说,"现在好了,全身都是棒子,也就不用再介意别人喊我'棍子腿'了。"姐妹俩又哭又笑。

天花板上的镜子

弗里达在遭受着地狱般的痛苦折磨时,亚历杭德罗是她唯一的希望。那时她给他写了很多信,从那些信里我们能感受到她是以一种怎样的心情克服这次灾难并幸存下来的。下面是其中的一部分:

1925 年 10 月 20 日

你无法想象我的手腕有多疼。你可能

也听说过"不要相信瘸腿的狗和哭泣的女人"这句话,但每次医生做牵引时,我流的眼泪有一升多。

1925 年 12 月 5 日

　　唯一的好事就是我开始习惯疼痛了。

1926 年 1 月 10 日

　　没什么变化,情况还是很糟。我已经厌烦了,如果这种状况要持续一年的话,我不知道该怎么办才好。我受够了这一切。

1926 年 4 月 25 日

　　昨天的情况特别糟糕,我很难受。感谢这些痛苦,它甚至可以使我不去想将来会有多么令人绝望。这一切简直就像恐怖的刑讯逼供。

1926 年 4 月 30 日

　　周五在医院做了石膏定型。那种疼痛就像是身体被一把大剪刀剪开了。我呼吸困难，肺和整个后背都是疼的，腿不能动也不能走路。石膏需要用热风吹干，于是我的头被撑着吊在那里，踮着脚尖站了一个多小时。你能想象吗？像这样的刑讯我还要忍受三四个月时间。如果无效的话，那我真的想死了。

那段时间，弗里达被困在床上，不仅饱受病痛的折磨，还要忍受孤独的煎熬。母亲为了让女儿振作起来，把她的床打造成了简洁的宫廷风格并在天花板上装了一面镜子。

"弗里达，这样你至少可以看到自己的样子。"

不得不看着镜子里无法活动的身体，这是

一种怎样的折磨？看着镜子里的自己，会暂时忘掉孤独吗？

镜子下的弗里达非常想画画。她有的是时间，不单单是勾画轮廓，还可以在其中倾注思想和感情。可以用来练习画画的模特只有自己，而画自己要比想象的难得多。临摹过自己的人或许有体会，虽然自己的脸早就看过无数遍，但这并不意味着对每个部位都了解。每个人既是自己，也是陌生的他人。人在遇到意外时，有时会有意想不到的反应和举动。当掩饰的外表被揭穿后，才会发现自己原来有着完全不同的内在。

后来当弗里达被问及为何执着于自画像创作时，她回答说："因为没有其他选择。"从头顶上的镜子里能够看到的只有自己的脸，身上盖着被子，只有脸露在外面——那是一张写满厌倦和绝望的脸。

不管怎样，弗里达对自画像的执着始终没有改变。父亲给了她一些画具，于是她开始了彩色素描。后来，色彩成了她不可缺少的东西，甚至将她的人生从黑暗中拯救出来，成为指引她在坎坷道路上前行的微弱灯光。

实际上，弗里达当时的理想并不是当画家，成为一名医生是她一直以来的奋斗目标。尽管她和大多数人一样对绘画充满了兴趣，在学校时也曾津津有味地观看迭戈画壁画，但她从未想过自己将来会走上画画这条路。

压力中盛开的花

弗里达的第一幅自画像是为亚历杭德罗而画的。画里的她非常朴素，充分展现了她的容貌和身体。画里的她凝望着她的观赏者亚历杭德罗，仿佛在等待他的回答……画后面写着：

弗里达·卡罗，17 岁
1926 年 9 月　科约阿坎
永远爱你

当弗里达在上面认真地写下"17 岁"时，她其实已经 19 岁了，所以她的绘画才能绝非来自"天赋"，而是在无处释放的"双重压力"下开出的花。一重压力来自于头顶上的那面镜子，另一重压力则来自于内心的不安和焦虑。这两重压力的结合，促使她将内心的深层感受转化成有形的表达，于是就有了绘画。

1927 年，亚历杭德罗前往欧洲旅行，毫无疑问，这是他父母的决定。在他父母看来，弗里达遭遇了严重车祸，几乎处于死亡边缘，他们不希望儿子再和她交往下去。

弗里达只哭了一次。生来就有着强烈自尊心的她在经过激烈的内心挣扎后，很快就恢复了原来的平静和严肃。

亚历杭德罗前往欧洲后还多次给弗里达写信表达爱意，说他对弗里达的爱丝毫没有改变。然而一年后，从欧洲归来的亚历杭德罗竟和他们共同的朋友相恋了。得知此事的弗里达忍不住在给亚历杭德罗的信里写道："还说什么'你就是我'这种鬼话，我再也不会相信爱情了。"这成了弗里达对初恋最后的控诉。

恋爱无疾而终，她想成为画家的想法却越来越强烈。完成第一幅自画像后，她就开始给家人和朋友们画像。画画让她废寝忘食，如果画得不满意，她就将画作烧毁或撕掉。她的身体状况并不稳定，有时只能坐着，有时只能躺着，有时全身能动，有时只有局部可以活动，她不得不应付各种状况，这也让她的画技得到了极大提升并使她紧绷的神经放松下来。

除了画自画像，她还收集了大量和绘画相关的信息，通过大量阅读来提升自己的感知力和领悟力，这也使得她对所有事物都产生了浓厚兴趣。

当时，令弗里达非常怀念的"卡丘查"成员们为了鼓励她，在她家里举办了派对。他们在吉列尔莫的钢琴声中唱歌、跳舞、朗诵诗歌和辩论，弗里达坐着轮椅参加了派对。聚会让她想起了在不幸遭遇车祸前，她曾拥有亚历杭德罗的爱情，对未来充满了憧憬。看着身边的朋友，回味着和他们朝夕相处的幸福时光，她再次陷入了抱怨命运不公的旋涡。

和朋友们在一起让她更清晰地体会到自己的痛苦和缺陷。为什么不是你们，而是我……弗里达从派对中途退场，回到自己的房间，用被单裹住身体痛哭起来。父亲很担心她，来看望她，她向父亲倾诉了内心全部的苦闷和烦恼。

"太痛苦了，太痛苦了，我受不了了。爸爸，你是不是也觉得我有问题？"

"我明白你的感受，不过你可能太悲观了。人生会有很多意外，在你绝望时，也许会有意想不到的幸运和逆转降临，你不应该过早地下结论。"

"可是，我的未来不是明摆着的吗？"

"你应该好好反省一下，是不是忽略了什么。"

"将来只会比现在更痛苦。"

"拜托，弗里达，不要再哭了。"

"我不知道能不能做到！"

向父亲倾诉完后，弗里达慢慢睡着了。

遇见命中注定的人

关于弗里达是如何开始和迭戈·里维拉——这个她命里注定的人接触并交往的,有很多版本,对此他俩各执一词。

下面这种说法最为可靠。有一次,蒂娜·莫多蒂在家里举办知识分子家庭沙龙,分别邀请他们参加并介绍他们互相认识。蒂娜出生于意大利,很多年前她和恋人——美国摄影师爱德华·韦斯顿一起来到墨西哥。她自己不仅成为一名成功的摄影师,还成为墨西哥艺术、政治、文学等领域的名人社交圈的核心人物。

迭戈是那些聚会上的常客和名人。深夜时,宴会达到高潮,迭戈出场了。他掏出手枪瞄准留声机,扣动扳机,音乐戛然而止,所有人都震惊了。迭戈摸着发烫的枪,放回腰间的枪袋,脸上挂着满意的笑容,然后把他那肥硕的身躯

"扑通"一声扔到扶手椅里。精彩的表演结束后,宴会上所有人都目瞪口呆,然后把他团团围住。

整晚,他或是赞美艺术,或是谈论政治、思想、哲学,或是朗诵诗歌,或是讲他在环球旅行中遇到的那些真假难辨的名人逸事,俨然是聚会的焦点人物。在朋友的介绍下,弗里达第一次参加这样的聚会,她躲在房间的角落饶有兴趣地看着眼前的一切,像是来到了一个新世界,不想错过接下来可能发生的任何事。那天晚上,弗里达穿着男装,在扣子孔里别了一支康乃馨。宽大的喇叭裤遮住了那条残疾的腿,她几乎一动不动,根本没有人发现她的残疾。而她那种装扮风格完全是为了应时应景,不至于逊色于旁人。

蒂娜坐在弗里达旁边,望着迭戈问她:"你应该还不认识他吧。""可以说认识,也可以说不认识。高中时,他来我们学校画过壁画,我那会儿经常搞恶作剧,给他捣乱,不过我很喜欢那么干。"

"开始回忆过去了吗?"蒂娜睁大眼睛望着她。被蒂娜这么一说,弗里达突然问道:"你也是他的情人吗?""当然。"

在所有人的注视下,迭戈侃侃而谈。说到柏林时,弗里达听得全神贯注,因为柏林所在的德国是他父亲和祖先的祖国。她精通德语,德国文化也是她的文化。

"德国的文化和政治充满了活力,那里的艺术家和知识分子具有非凡的理性和创造性。贝托尔特·布莱希特是个刻薄的家伙,喜欢玩些随机应变的把戏。"迭戈继续说道。

"我也希望有一天能去德国……"车祸之前,一直念念不忘的环球旅行的念头再次涌上心头,"可现在这种身体状况,我还能去吗?不过,和之前相比,最近好像恢复得还不错,跟以前差不多了，也不是完全没希望。"她暗暗发誓一定要实现前往欧洲的愿望，一定不能被病魔击败。

巨人和科约阿坎瘸腿公主

几天后，弗里达拿着自己的作品突然找到迭戈，当时迭戈正在脚手架上画壁画。

"喂，迭戈，请下来一下。"迭戈没有听见，她接着喊道，"给我的画提点意见吧，不要说那些客套话，我想听您认真的意见。"

迭戈仔细地看了看画，问她："还有别的吗？"

"有，不过拿来的话太不方便了。我叫弗里达·卡罗，住在科约阿坎 127 号，下周日您能来一下吗？"

到了那个周日，迭戈真的来了。迭戈是个性格开朗的人，见到弗里达父母后聊得也很投机。父母看到这样一位名人对女儿的画感兴趣，感到非常自豪。

之后，两人的关系迅速升温。弗里达叫他"胖子先生"，嘲笑他的脸长得像青蛙，而迭戈一点也不生气，跟着弗里达一起哈哈大笑。

一切看上去都那么顺理成章。迭戈开始追求弗里达，而弗里达继续捉弄迭戈。他们的心慢慢走到了一起，他们诱惑着对方，又被对方的魅力所吸引。巨人和科约阿坎瘸腿公主！

他们对对方的创作提出意见，交换想法。迭戈在高高的脚手架上进行纪念碑式的创作，弗里达则绘制着具有自己风格的小作品；他刻画人的外在，她刻画人的内心。一切奇妙而美好。

有一天，弗里达的父亲对迭戈说："你好像

很喜欢我的女儿。"

迭戈似乎不太明白这句话的意思,支支吾吾地说道:"为什么这么说呢?啊……嗯,当然。不然的话,我也不会跑这么远来见她。"

"那么,请你认真对待她。弗里达是个聪明的女孩子,但她也是个隐形的恶魔。是的,她是个隐形的恶魔。"

"我明白。"迭戈答道。

于是父亲放心地说道:"很好,我完成了一个父亲该做的事。"

第三章

大象和鸽子的结合

迭戈·里维拉

迭戈·里维拉是20世纪墨西哥美术界最负盛名的画家。

1886年12月,迭戈出生于瓜纳华托。关于出身,他经常对人说自己有"西班牙人、德国人、意大利人、俄国人和犹太人的血统"。此外,他也给自己的生日增添了"神话"色彩,这一点和弗里达很像。

他出生于一个小学教师家庭,家庭氛围非常自由。他有一个双胞胎兄弟,但不幸的是,他的兄弟出生两年后就夭折了。

小时候的迭戈,在家附近一带是出了名的

顽劣。他从小就喜欢恶作剧，训斥、教导对他都无济于事。母亲对这个儿子非常失望，亲戚们都叹息："养了一个小魔鬼。"

受家族影响，父亲希望他将来能成为一名军人，这遭到了迭戈的强烈反抗，他最终走上了一条截然不同的道路。从上小学开始，他就喜欢在素描本上画画。父母看到儿子的决心和热情如此强烈，于是决定让他从初中起，白天在墨西哥城的普通中学学习，晚上去圣卡洛斯美术学院学习美术（30年后，他成了这所美院的院长）。

从那时起，他的才能就引起了很多人的注意。16岁读完中学后，他花了4年时间到墨西哥各地画画写生。

1906年，20岁的迭戈在国家的资助下前往欧洲，进入西班牙马德里的皇家圣费尔南多美术学院学习。在那里，他凭借自身的努力、非凡的才能、独特的性格以及奇特的外貌博得了很多人的关注。4年后，他离开西班牙，继续前往荷兰、比利时、英国、法国等地进行绘画创作，同时也积极参与政治活动。

1910年墨西哥革命爆发，1917年俄国十月革命爆发，随后欧洲及世界各地的革命浪潮席卷而来。1914年第一次世界大战爆发之际，迭戈身处法国巴黎。这一时期，他的艺术观和作品风格开始形成。他坚信世界会变得更加美好、更加充满人性，并且他毕生都没有放弃这种信念。

14年的欧洲游历结束后，迭戈回到了祖国。当时的墨西哥像是刮过一阵春风，生机盎然，社会在变革，他很快就找到了自己的位置。他的创作与玛雅和阿兹特克等祖先遗留下来的作品极为相似，让每个观赏者都能一目了然。他信奉前哥伦布时期的墨西哥本土文化，并于

1922年加入墨西哥共产党。1927年,苏联政府委托他绘制壁画。来到莫斯科后,迭戈逐渐成为一名活跃于世界舞台的艺术家。

就这样,这位四处拈花惹草且在墨西哥社会中享有盛名的知识分子,这位在世界艺术殿堂占有一席之地的艺术家,如龙卷风般闯入了弗里达的人生。

大象与鸽子

> 周三,著名画家迭戈·里维拉与他的学生弗里达·卡罗女士在科约阿坎举行婚礼!
>
> ——1929年8月23日,墨西哥的权威报纸用一整版篇幅报道了这一引人注目的事件。

弗里达是几个姐妹中最后结婚的一个。结婚后,她的父母总算放下心来。一方面,当时的社会对"大龄未婚"现象还不太接受;更重要的是,父母担心即便花光他们后半生的所有积蓄,也难以维持弗里达高昂的医疗费和护理费。

然而,迭戈不仅比女儿大了20多岁,还有很多女性朋友,这又让弗里达父母非常恼火。对此,弗里达曾这样写道:

> 父母并不赞成我和迭戈恋爱,并且说他"又胖又丑"。母亲形容我们的婚姻是"大象与鸽子的结合"。在我的家人中,除了父亲,其他人都没有出席婚礼。婚礼上,我的父亲对迭戈说:"你不要忘了我的女儿是个病人,而且一辈子都是,如果你想要和她结婚,就必须承诺接受这一切。"

当时弗里达22岁，迭戈43岁，称他们两人是"怪物"也不足为奇。这似乎也暗示了他们将来的婚姻不会美满。

婚后，弗里达脱下了男装、劳动装和小姑娘装扮，一改往日那种自己和周围人都喜欢的独特时尚，换上了墨西哥的传统服装并形成了自己的风格。

她穿上半身裙、连衣裙和有蕾丝的鲜艳长裙，用丝带将头发盘起，戴上繁重的首饰，披着苏格斯披肩。这一切都是为了迎合丈夫对墨西哥传统文化的热爱。她的装扮其实比墨西哥女性的传统装扮夸张得多，也更具墨西哥风情。她有一半的德国血统且毕业于墨西哥城内最好的高中，精通德语，所以与其说她是受欧洲文明的影响，不如说她是在刻意塑造墨西哥的独特形象。

被称为最具"墨西哥风格"的两个人，婚

后不久就搬到了弗里达的父母家中，也就是那栋蓝房子，和她的父母同住。考虑到玛蒂尔德和吉列尔莫经济拮据，无法维持这么大的家庭开支，迭戈决定把这里当作自己的新家。

迭戈从墨西哥政府那里获得了很多工作机会，所以他们的新婚生活衣食无忧。有一天，迭戈像往常一样在脚手架上画壁画，弗里达来找他，冲着他喊道："迭戈，你的幸福来啦！"

沉浸在绘画中的迭戈站在脚手架上问她："是便当来了吗？"

"喂，比这个更棒！听着，我怀孕了！知道吗，癞蛤蟆和鸽子的孩子要降生了！"

然而，命运将他们带到了另一条道路。3个月后，经医生诊断，骨盆畸形导致妊娠终止。医生给出结论，弗里达如果要想保住自己的性命就只能选择流产。

弗里达无法控制自己的情绪，痛哭流涕。

那场车祸再次像梦魇一样叩开她卧室的门，纠缠着她。尽管丈夫不断安慰她，但她始终觉得无比孤独。

沉浸在痛苦中的她一次次折磨自己，反反复复询问那个没有答案的问题：什么时候才能拥有一个孩子？难道说，那个孩子已经永远地死在马路电车的轨道上了吗？

美国之行

1930年，迭戈接到委托，前往美国旧金山，为加州美术学院和旧金山证券交易所绘制壁画。他一直以来盼望的美国之行终于得以实现。11月10日，弗里达陪同丈夫一起踏上了前往旧金山的旅程。对弗里达来说，从高中时期起就向往的环游世界的梦想，如今终于实现了。

到达旧金山后,迭戈很快就投入了工作。弗里达经常一个人在街上四处观光。很快,她就被眼前的一切所吸引。她喜欢在高低起伏的街道上溜达,向往那些魅力十足的美式家庭,她开始学习英语。

街上的人看到她,都会停下来观看。和在墨西哥时一样,她穿着有层层衬裙和裙饰的长裙,上身搭配绣有刺绣的上衣以及恰到好处的披肩,手戴镶嵌各种翡翠、绿松石及珊瑚的金银手链。

在款待他们夫妇的宴会上,弗里达很快就成为大家的焦点。虽然她的英语很蹩脚,但她是那么热情爽朗,充满智慧,富有感知力,完全不受语言限制,给每个人都留下了深刻的印象。

弗里达经常在她最喜欢的唐人街从早逛到晚,搜寻橱窗里的各式商品。她买了很多手链和丝绸，自己裁剪设计，制作裙子。

然而没过多久，她就对新街区失去了兴趣。因为她的右腿又开始疼痛，让她走路都很困难。她在附近的诊所接受治疗，结果显示"腿部肌腱收缩，右脚脚踝以下萎缩"，医生告诉她无法医治。经熟人介绍，她来到了旧金山综合医院，由主任医师利奥·埃勒塞尔负责治疗。这位医生极富个性，热爱艺术，关心政治，还是位旅行家，他后来成为弗里达最信赖的医生。

经这位医生诊断，结果显示为"脊柱严重侧弯，一节椎骨错位"，这也是导致弗里达疼痛的原因。几个月后，为了表达对他的感谢，弗里达前往他家中为他绘制了一幅肖像画。

1931年5月，弗里达在给她的好朋友伊莎贝尔·坎波斯的信中写道：

我讨厌美国人，他们非常无趣，长着一张像没有烤熟的点心一样的脸。在这里，我没有什么女性朋友，类似于"朋友"这样的熟人顶多也只有一两个，所以我把大部分时间都花在了画画上。我计划9月份在纽约举办一次个展。在这里的时间不算长，所以也没卖出几幅画。尽管如此，我觉得此行收获还是很多的，让我开阔了眼界，增长了见识，带给我不一样的感受。

我的画就是我的世界

腿痛让她行动不便，于是她又开始经常画画。除了埃勒塞尔医生，她还给其他人画了几幅肖像画。受迭戈的影响，她的画风更加自由。在新的作品中，可以看出她的画技更加精湛，更富有诗意和想象力。

她画了一幅自己和迭戈的两人肖像画。他们牵着手站在一起,迭戈另一只手拿着调色板。弗里达表情柔和,头微微侧向迭戈。弗里达很喜欢这幅名为《弗里达和迭戈·里维拉》的作品,也许她想要通过这幅画表现出他们的婚姻状态,证明他们之间的爱。从画中可以看出她对迭戈的爱慕,站在丈夫旁边略显拘谨的样子既让人感到怜爱,又让人感觉到墨西哥女性的姿态。

6月,迭戈接受了墨西哥政府的工作委托,弗里达和丈夫再次回到了蓝房子,在这里度过了一段短暂而充实的时光。其间,每天都有诸多来访者,苏联导演谢尔盖·爱森斯坦也是其中之一,他当时正在拍摄电影《墨西哥万岁》。当他看到克里斯蒂娜和安德里安娜的肖像画时,他看得格外认真。弗里达有些不好意思:"不用看得那么仔细，又不是什么佳作。"

"我不这么认为，您是一位非常了不起的画家。答应我，一定要去苏联，好吗？您对我们国家的圣像画感兴趣吗？从您的画里可以感受到圣像画带给人的那种温柔，让人充满遐想。"

"您过誉了，"弗里达谦虚地说道，"圣像画是属于神圣世界的，我画的只是普通的画而已。您现在看到的就是我的世界。好了，不如我们在院子里一起拍张照片吧。"弗里达热情地挽着客人的胳膊走到外面，指着院子里的树大声说道："您来看这棵树，我小时候就常在这棵树下胡思乱想，幻想着将来要拍一部关于我的电影。您拍的电影叫《墨西哥万岁》，对吗？"

一种对于祖国墨西哥、自己家族以及此处生活的热爱之情在她心中油然而生。

没过多久，迭戈开始怀念起在美国的生活，

弗里达却更加沉浸在自我的墨西哥式的世界里。那里有她的语言、家人、朋友和让人留恋的美景，这些都给了她无限的安慰。

几个月后，两人再次前往美国。后来，迭戈在纽约现代艺术博物馆举办了个人主题画展，成为继法国著名画家亨利·马蒂斯之后第二个获有此殊荣的人。

11月，他们出发前往美国东海岸。迭戈凭借他擅长的手枪秀、各种演说以及荒诞不经的调侃方式，使得整个旅程热闹非凡，弗里达则像埃及艳后一样吸引了众人的目光。她把自己打扮得无比精致，享受着人们的赞美，用歌声将她的优雅和聪慧发挥得淋漓尽致。无论对男人还是女人，她都展示出迷人的微笑。

我诚实吗？

当船驶入曼哈顿港时，弗里达的心中充满了对未来的好奇和期待。她想起了半个多世纪前，只身从德国汉堡港出发，来到墨西哥韦拉克鲁斯港的父亲，顿时感慨万千。资本主义世界展现在她面前，光彩斑斓的世界倒映在水面上。

朋友们和现代艺术博物馆馆长亲自前来迎接，让他们入住城里最高档的酒店。

他们刚安顿好，就被卷进了社交浪潮。弗里达与生俱来的不羁在社交中显露无遗。在不问世间苦难的狂欢中，弗里达有时会表现出强烈的厌恶情绪。她毫无顾忌地展现自己惹是生非的本性，在聚会中巧妙地抨击与会者，惹得那些装模作样的人频频皱眉。由于她本人是位艺术家，还是世界知名艺术家的妻子，所以人们对她很宽容。如果换成别人,这是绝对行不通的。

我有时会反省自己是不是不够诚实,因为在参加资本主义沙龙聚会时,我确确实实站在了权势那一方,但我接受的教育不是这样的。迭戈在这些事上从来没有纠结过,这样看来,似乎我比他更耿直。或许是因为他孩子气比较重,经历也是一帆风顺吧。这样看的话,好像是我想太多了。

后来,迭戈接受了福特汽车公司董事长的委托,前往底特律。到了那里,弗里达的厌恶感表现得更加强烈。

亨利·福特在家里举办派对款待他们夫妇。

"弗里达女士,您的裙子真漂亮。"福特称赞道。

她刻薄地说："我也这么认为。不过，您是不是觉得共产主义者应该穿得更朴素些才合适呢？"

"我不是这个意思。"

"您让我们入住城里最高级的酒店。"

"是的，没错。"

"并且您也告诉了我为什么那里是城里最高级的酒店，"望着福特一脸疑惑的笑容，弗里达的解释非常刻薄，"因为那里不允许犹太人入住。"

"这个……"

"我和迭戈都有犹太人血统，您应该知道吧。刚才陪您跳舞跳得最多的我，身上就流着犹太人的血液。"

弗里达对他的反犹主义进行了猛烈抨击。后来她又追加了一句："话说回来，您本人也是犹太人吗？"

望着福特一脸惊愕的表情,她叫上迭戈转身离开。会场外面停着一辆崭新的汽车,车里还有一位司机。福特家的管家对弗里达说:"这是董事长送给弗里达女士的礼物。"

弗里达大为诧异,她自己并不会开车,于是说:"请司机先生自己使用吧。"然后转身离开了。

流产与母亲之死

弗里达再次怀孕了。接下来不管怎样都要把孩子生下来!——弗里达的决心和意志里有种让人捉摸不定的执着。

"孩子,我想拥有一个属于自己的孩子!不要再说什么没有孩子也无关紧要的话,我就是想要个孩子,这比什么都重要,不管我的身体会变成什么样子。"

一个半月后,命运终究没有眷顾弗里达。

1932年7月4日晚上,孩子流产了。弗里达经过了长时间的痛苦折磨,她苦苦哀求把孩子交给她,她很想见见孩子,抱抱孩子。

救护车把她送往城里医疗条件最好的医院——亨利·福特医院。到了那里,她浑身苍白,仿佛身体里的血都流干了。

接下来的几天,她一直哀求医生把孩子抱给她,甚至几度昏了过去。再后来,她想把自己的孩子画下来,又向医生求助,哪怕只是借给她医学类书籍也好,但也遭到了断然拒绝。迭戈在进行了多次交涉后,她的要求才得以实现。

弗里达在医院里住了两周。她的情绪非常低落,为了让自己振作起来,她开始在病床上画素描,可是,眼泪把纸都打湿了。她经常把所有东西都撕坏、扔掉，谁劝慰都无济于事。她苍白的脸上十分憔悴，像是耗尽了所有精力，似乎只有用画笔画出现实的痛苦才能让她的生命延续下去……

一天 24 小时，她泪眼婆娑地盯着画纸，用颤抖的手指画出了一幅素描：

> 她赤裸地站在那里，脖子上戴着项链，每只眼睛下面挂着一大滴泪水；肚里有个胎儿，脐带却和另外一个更大的胎儿连着；血从她下体顺着腿流下来，渗进土里，滋养着大地和植物，似乎暗示着生命的轮回；在空中，一弯明月也流下了眼泪，照耀着弗里达……

迭戈非常不安，他明白只有画画能把妻子拯救出来，让她重新恢复活力。

弗里达出院后，尽管非常虚弱，仍然坚持马上进行正式的创作。她完成了以流产为题材的一系列素描，并在不久后在金属板上绘制了一幅名为《亨利·福特医院》的作品。

在这幅画中，弗里达躺在两头装有护栏的病床上，床架上写着医院的名称和住院的日期；她赤裸着身体，腹部隆起，头发散着，脸上挂着豆大的泪珠，身下的床单被血染红了；她手里握着的绳子连着6个飘浮在空中的物体，分别是蜗牛、男婴、平躺着隆起腹部的躯体、奇妙的金属器械、兰花以及骨盆骨架；远处的地平线上是一座工业城市的模样……

她告诉朋友："越是绝望就越沉迷于工作。为了不让自己被轻易地毁灭，除了画画没有更好的办法。"

同年9月，她的母亲玛蒂尔德因患癌症病危，收到电报的弗里达马上回国；迭戈由于工作原因未能与她同行。

回到阔别已久的祖国,雨后的山色格外迷人,一片翠绿望不到边,弗里达仿佛置身于一个色彩斑斓的世界。望着眼前无与伦比的美景,她像是被施了魔法,视线一刻也无法移开。她要把那自然的轮廓和强烈的绿色都一一印在脑子里并重现在她的画中。

"累得快要吐了,受不了了。不过,啊!我的祖国是如此美丽!"

回到家,弗里达扑倒在等待她的妹妹身上。几天后,她的母亲去世了。从早到晚,她一直哭个不停。她在家停留了一个多月,直到父亲终于重新振作了起来,她和姐妹们也打起了精神。生活还要继续。

10月过后,弗里达再次回到了底特律,开始新的创作。迭戈接到底特律美术馆的工作,变得非常忙碌。此外,他还接受了1933年春天在纽约洛克菲勒中心绘制壁画的预约。他瘦了很多,健康状况也不太好,十分焦虑。这是他自身的问题,尽管弗里达和周围人不断给予他关心和安慰,但都无济于事,只能靠他自己解决。

弗里达明白,自己唯一能做的就是,即便付出一切也要认真画画。

流产后的她完成了《我的诞生》这幅作品。在某种意义上,也可以说这是她的"死亡"。一个女人躺在床上,上半身盖着床单,似乎已经死了,她的两腿间生出一个闭着眼睛的婴儿,似乎也已经死了。墙上挂着一幅圣母像,颈部被短刀刺入,脸上露出痛苦的表情。它暗示的是弗里达的出生或死亡,还是孩子的出生或死亡,抑或是再生?

弗里达是顽强的,她用写实和象征的手法来描绘自己的内心世界。无论是道德的规范和束缚，还是"艺术就应如此"等条条框框都无法阻挡弗里达。她是痛苦的，也是自由的。

再回故乡——墨西哥

另一方面，迭戈的状况越来越糟。保守派掀起了抵制迭戈的浪潮并形成了反迭戈运动，原定于 1933 年 3 月对公众开放的底特律美术馆壁画也被搁浅。1930 年从旧金山活跃起来的迭戈，3 年后竟如此惨淡收场。

之后，迭戈在纽约洛克菲勒中心的壁画创作上也犯了致命错误。他无视资助人洛克菲勒家族的要求，擅自将画中的工人领袖改成了俄国共产主义领袖列宁。迭戈的工作当即被叫停，他只拿到了部分酬金，对此，迭戈只能屈辱地接受。不久，壁画被遮盖起来，直到 9 个月后被完全毁坏。

然而,这件事给弗里达带来了新的契机。他们从高档酒店的套房中搬了出来,住进了一处公寓。弗里达写了很多请愿书,动员艺术家们掀起拥护迭戈的运动。一直以来都是迭戈在"支撑"弗里达,如今轮到弗里达来为迭戈做点什么了。

迭戈想用从洛克菲勒那里获得的酬金寻找新的地方重新创作被毁坏的壁画。在弗里达和朋友们以及他自己的不懈努力下,他终于在纽约的新工人学校完成了具有划时代意义的《美国肖像画》,但他并不满足于此。直到十多年后,在墨西哥城国家美术馆将那幅被毁的壁画完全复原后,他才得偿所愿。

在这一时期,弗里达只创作了一幅作品——《我的衣服挂在那里》,表达了她对美国的失望。画面正中挂着一件有丝带装饰的民族服装，背后则是各种代表美国现代社会的符号。从这幅画里我们可以感受到，弗里达虽然在美国生活了 4 年之久，但她的心依然停留在她的故乡——墨西哥。

第四章

稍稍掐了几下

1934年，弗里达和迭戈在墨西哥城圣安赫尔营建了一处新居。它由法国建筑师勒·柯布西耶的学生兼画家胡安·奥戈尔曼设计，运用简单材料修建了两栋实用性很强的正方形建筑，和周围华丽的传统建筑风格相比，显得别具一格。

　　在房子的外墙颜色选择上则沿用了墨西哥风格，弗里达的房子涂成了和她出生时的房子一样的蓝色，而迭戈的房子则是红色。墙下种满了细细长长像管风琴管一样的仙人掌，房顶设计了一个天桥将两栋房子连在一起。这个天桥表示它们既相互依存又相互独立，似乎也暗示了弗里达和迭戈的关系。

这个家很快就变成各国知识分子聚会的场所。猴子、鹦鹉、狗、小鹿以及孔雀等小动物在院子里跑来跑去，作家、画家、摄影师、思想家、音乐家、演员和知识分子聚在一起，气氛自由活泼，甚至恋人们也经常在那里出入。

那一年，弗里达没有进行任何新的创作，三次住院给她的精神造成了沉重打击。第一次入院是因为阑尾炎，第二次入院是因为怀孕三个月时对母体造成了很大伤害而不得不终止妊娠，第三次是因为脚上出现重度炎症而不得不对五根脚趾采取手术截肢。她在给埃勒塞尔医生的信中写道：

> 我的脚越来越糟糕，已经没有别的办法，也许是该下定决心把它截掉，这样就不会每天遭受痛苦的折磨了。

还有一件更糟糕的事,那就是迭戈爱上了弗里达的妹妹克里斯蒂娜。这件事简直就像是用匕首刺进了弗里达的心。

我想我是宽容的,我想原谅他们。人生只有一次,无论是质还是量都要充实地度过,考虑到此,我希望能再打起精神。然而,痛苦还在。我失去了所有自信,觉得这一切都是因为我不够好而造成的。我陷入了恶性循环,无法自拔。

弗里达从新家搬了出来,独自住进一处公寓。她想去更远的地方,或许只有这样才能让她重新审视和迭戈将来的关系。于是她踏上了前往纽约的旅程,但这并没有使她的心情好转。

当她下定决心原谅他们两人,再次回到墨

西哥时，已经是半年以后。她不再去想丈夫和妹妹对自己造成的伤害，她也看清了和迭戈的相处模式。必要时他们只是对方的依靠，除此之外，他们是独立存在的。

很快，弗里达和美国艺术家野口勇相恋了，和野口勇恋爱期间，弗里达几乎没有做任何工作。《稍稍掐了几下》是在此期间完成的，周围人觉得这是一幅让人看了感觉"很恶心"的画，恶评如潮。

这幅作品的创作取材于一篇占据了报纸三个版面的新闻报道——一个家庭暴力男用刀捅了自己女朋友几十刀，导致其死亡。但在法庭上，行凶者这样为自己辩护："我只是在她身上稍稍掐了几下。"他根本没有意识到自己的行径是如何残暴。在弗里达的画中，行凶者穿戴整齐，手里拿着匕首，白色的床单上满是血迹，被害人躺在上面……血溅得到处都是，甚至溅到了画框上。

弗里达为什么会画这样一幅恐怖甚至在某种意义上有些病态的画呢？也许弗里达意识到自己内在的暴力倾向，想通过画画使其升华，而不是被暴力倾向毁灭。

重归于好

1936年，弗里达的右腿接受了第三次手术。由于持续的疼痛，她只好选择神经切除，但恢复得并不顺利。她原本以为在手术后脊柱的疼痛能够得到缓解，可实际情况并非如此。令人意想不到的是，这一时期的弗里达虽然身体饱受痛苦的折磨，但她对生存和创作的渴望却越来越强烈。

少女时期的莽撞和冒失在她身上已经完全

看不到了，她的创造性和感受力变得更强更深刻，她的独立人格也在不断强化和提升。和弗里达接触过的人都会赞美她"充满了光芒"。她不再只是大艺术家迭戈的妻子，人们对她的热爱、赞美和尊重甚至超过了迭戈。

身体的痛苦和内心的烦恼使她无法定期绘画。有时候一连几周甚至几个月，她都对画画不闻不问，有时候她也会执着地拿起画笔，彻夜不眠。

也许是为了在充满痛苦的爱情生活和家庭生活中寻求平衡，她创作了《我的祖父母、我的父母和我》。在画中，墨西哥、家人和家都攥在年幼的弗里达手里，将她围在中央。

事情过去后，在圣安赫尔的那两栋连在一起的房子又变得热闹起来。

所有的生活费都得由迭戈来想办法解决。弗里达没有任何收入，迭戈除了要负担生活费，还要支付她高额的医疗费和护理费。对此，弗里达什么忙都帮不上，因而感到非常愧疚。她更加关注迭戈以及周围的人，也更加理性，态度谦卑，工作时会尽量配合丈夫，也许她想通过这种方式来掩饰内心的痛苦和纠结。

迎接列夫·托洛茨基

同年11月，迭戈接到一封纽约朋友发来的电报，这让刚刚安顿下来的生活再次被笼罩在政治阴影下。墨西哥政府接到能否为俄国革命家列夫·托洛茨基和妻子纳塔莉娅提供政治庇护的请求。1929年，托洛茨基夫妇受斯大林的迫害，被驱逐出苏联，从此开始了长期的流亡生活，先后辗转于土耳其、挪威、法国等国。迭戈对托洛茨基非常崇拜，视其为精神领袖，在为解决他的流亡问题上煞费苦心。他专门求见总统，请求政府接受托洛茨基夫妇的避难请求并自告奋勇以接纳人的身份负责接待。请求最终获准。

1937年1月，托洛茨基夫妇抵达墨西哥城，弗里达前往迎接，将他们带到了由墨西哥政府派重兵保护的蓝房子。弗里达的母亲死后，父亲搬到了女儿家中，现在只留一间房间作为工作室使用，蓝房子里没有人居住。

父亲尽管非常疼爱弗里达，但极不情愿将这所房子提供出来，更何况还有警备人员严防死守，在周围不时巡逻，这让他感到非常困惑。

"亲爱的弗里达，难道你不觉得应该向我解释一下这是怎么回事吗？"

"爸爸，现在世界上最伟大的人物之一住在咱们家呢。"

"不要故弄玄虚,什么大人物?"

"列夫·托洛茨基啊。他是列宁的战友,领导了十月革命,创建了苏维埃工农红军。"

"那这些警卫是怎么回事?"

"因为他可能会被暗杀。"

"那你不害怕吗?"

"如果我开始害怕了,那我更是什么都干不了了。"

托洛茨基和妻子纳塔莉娅非常高兴能住进蓝房子,除了因为那里非常适合居住,更重要的是,在经历了数月的流亡后,他们终于有了藏身之处,可以安顿下来。

炸弹上的丝带

1937—1938 年间是弗里达结婚以来的创作

高峰期。1938年春天,她在给朋友埃拉·沃尔夫的信中写道:

> 是的没错,我开始画画了。以前,我从来没有把心思放在工作上,每天只想着好好爱迭戈就足够了。但现在,我不仅深爱着迭戈,也开始认真地画猴子了。

弗里达画画的主题不再仅限于她的内心,也开始描绘在她深邃的黑色眼眸里蕴含的所有东西。她从父亲拍摄的人物像、古代西班牙陶俑、古代宗教绘画以及自己喜欢的画家作品中寻找灵感,创作了一系列作品。戈雅描绘的亡灵之舞、老勃鲁盖尔描绘的群众舞蹈、博斯和玛格丽特等描绘的幻影都是她参考的对象,她通过对日常事务的描绘来表达内心的感受。

1938年4月,法国诗人安德烈·布勒东受法国外务省派遣，来到墨西哥进行演讲。当时，布勒东是在文化和艺术界掀起超现实主义运动的核心人物，备受世人瞩目。所谓超现实主义是指将毫无关联的事物结合起来，像描绘梦中世界一样把它们表现出来的一种艺术形式。比如，梦里会出现装满奶油的游泳池，但这在现实世界中根本不存在。超现实主义者主张把对事物本质的认知从内心释放出来，展现人的潜意识以及非现实世界。布勒东一看到弗里达的作品，就被深深吸引了。

> 我来到墨西哥城后，看到超现实主义在她的新油画作品中表达得如此绚丽多彩，真是令我又惊又喜。

纽约一家画廊的经理朱利恩·利维看到弗里达的作品后，邀请她同年秋天在他的画廊举办个人绘画展。布勒东也在画展的专栏文章里提到，希望弗里达在纽约办展后考虑前往巴黎举办个展。

"弗里达，我真的非常喜欢你的画。希望你认真考虑一下在巴黎举办个展这件事。"

"应该有很多人比我更适合在巴黎举办个展。我是自学的，不够资格，作品量也不多，况且我也没有什么上进心和野心。画画对我来说不过是自娱自乐罢了。"

"那这是你自娱自乐的才能吗？"

"希望你能理解，我画的并不是梦想，我画的就是我的世界。"

最后，弗里达还是同意了在巴黎举办个展。在展览宣传中，布勒东写了一句著名的话："弗里达·卡罗的艺术就是系在炸弹上的丝带。"

我的作品就是我的自传

弗里达开始专注于创作活动令迭戈非常开心。他说:"弗里达的世界已经变得足够强大,不再需要迭戈了。"迭戈认为,弗里达全身心地投入绘画创作并以画家的身份自立,可以让她保持身心平和的生活状态。而妻子在精神上和经济上独立,也让他更加自由了。

弗里达不分昼夜地画画。她经常在画架前面一动不动,画了许多小幅作品。第一次看到弗里达作品的人,往往会惊讶于画的尺幅之小。想象中以为很大的画,实际上长宽只有三四十厘米,有的甚至更小,比这大的几乎没有。

她的运笔范围从来都不大,否则手容易痉挛,这样也可以避免注意力分散,便于她将手腕发出的能量全部集中起来。

如布勒东所言，和其他画家的作品相比，弗里达的画或许更像是小说家的作品。她的画就像是一种日记形式，记录了她的人生写照。

> 我的画没有重复，它完全就是我的自传。

1938年初，在迭戈的建议下，弗里达带着自己的作品参加了集体展，当时美国著名电影演员爱德华·罗宾逊购买了她的4幅作品。

弗里达感到既开心又茫然无措。她没有想到自己的作品竟会如此受欢迎，还会有人出钱购买。一想到这些，她就想把画撕碎，然后躲起来。然而，迭戈甚至带来了愿意出巨资购买她的画的富翁，这使她想要变得更耀眼的勇气和信心逐渐增强。

同年秋天，在她只身一人前往美国之际，

这种想法变得更加强烈。虽然当时的美国处于大萧条时期,但她的个展还是取得了巨大成功。在纽约展出的25幅画中有一半被人买走。不仅如此,身着墨西哥民族服饰的弗里达本人也非常吸引眼球。

举行会员特展那天晚上的场面,更是盛况空前。弗里达打扮得像个女王,而画廊里集聚了以洛克菲勒夫妇为首的诸多名流,以及包括摄影师阿尔弗雷德·施蒂格利茨及其画家妻子乔治娅·奥基夫在内的众多艺术家,他们都被弗里达的作品深深吸引。所有人都觉得自己看到了天才之作。第二天,很多报刊都刊登了赞美弗里达的报道和照片,其中《时代》周刊高度称赞了弗里达的独一无二:"弗里达是个不懂悲伤的孩子,她有着充满活力而又血腥的梦想。"

至于为什么用"血腥"来形容弗里达,这

和一个事件有关。在弗里达举办个展之前,她接到了著名杂志《名利场》的主编克莱尔·布思·卢斯的委托,请她为自己的朋友——著名演员多罗黛·黑尔画一幅肖像画。多罗黛在个展召开期间,一度成为热门话题人物。一天早上,她身着华服,爬上窗台,从汉普夏公寓楼高层一跃而下。

弗里达得知此事后非常震惊,她对克莱尔说想以"追思多罗黛"为主题画一幅画。克莱尔表示同意,打算等弗里达完成后送给多罗黛的母亲。

几个月后,作品完成了。当买家拿到画后,再次引发了人们对这个事件的关注,因为这幅肖像画再现了多罗黛自杀时的场景。不得不说,这非常符合弗里达的风格。弗里达刻画了女演员的悲剧人生,将导致她自杀的痛苦呈现在画布上,甚至描绘出了她自杀的经过。看到这幅画，克莱尔几乎晕了过去，后来一度打算把画销毁，只是在朋友的劝说下才没有这样做。自然，这画也没有送给那位因女儿自杀已经悲痛不已的母亲。

当时弗里达的身体状态并不稳定，精神也非常紧张，尤其是她刚刚切换到"离开迭戈，重获自由"的感情模式。她试图振作起来，重新打造自己的魅力。

迭戈虽然离开了弗里达，但对她仍然非常牵挂。

他在给弗里达的信中写道："伟大的龙儿，我的弗里达，去享受人生所能赋予你的一切吧，一切能带给你意味深长的快乐的事物。"署名是"你的癞蛤蟆，迭戈"。他还为美术评论家写了一篇精彩的诠释她作品的文章，文中写道："我不是作为丈夫，而是作为她的一名狂热爱好者来向您推荐她的作品，她的作品讽刺而温柔，如钢铁般坚硬,也如蝶翼般纤细敏锐,像微笑一样动人,却也残忍得如同生活的苦难。"

进军巴黎

在纽约的这个冬天,正当弗里达的个展获得成功之际,又有一件烦心事找上门来,就像人在春风得意时总会有些不和谐的事情发生一样——她右腿的疼痛再次发作。

由于身体不适,加上和迭戈长时间分离,弗里达一度萌生了放弃去巴黎举办个展的念头。这时,鼓励弗里达重新振作起来的还是迭戈。他在信中写道:

> 拜托你千万不要做傻事,不要放弃巴黎美术展这次机会,尽情地享受生活所赋

予你的一切吧。无论好坏，所有的所有，坦然接受。如果想让我快乐的话，那么你要记住，只有让你自己快乐才是我最大的快乐。

1939年1月，弗里达只身一人横渡大西洋，前往战争阴影笼罩的法国。

到达巴黎后，弗里达借住在超现实主义者的根据地——布勒东家里。她不得不和布勒东的女儿挤在一间小屋子里，加上展览准备工作进展得很不顺利，这让她的情绪低落到了谷底。

她在给友人的信中写道："我抵达这里之后，画还在海关，因为那个混蛋布勒东竟然懒得把它们取出来。……展览场地都还没有定下来，而布勒东很久以前就没有自己的画廊了，所以我不得不像个傻瓜一样干等着，直到我遇到了马塞尔·杜尚（一位了不起的画家），他是这群混蛋超现实主义者中唯一一位脚踏实地的人。"

之后，杜尚邀请弗里达住在他的美国女友玛丽·雷诺兹家中，并为弗里达的展览四处奔走。弗里达非常感激他俩的帮助，心情慢慢好转起来。

然而，在这次重要展览上展出的内容和弗里达预想的完全不一样。

这次墨西哥艺术展已经完全谈不上是弗里达的个展了。在弗里达看来，展示给巴黎人看的都是些"垃圾"。她在给朋友的信中这样描述道："除了我的画，布勒东还想在展览中展出14幅19世纪（墨西哥）的肖像画，大约32张阿尔瓦雷斯·布拉沃的照片以及他从墨西哥市场上购买的大量民间工艺品——所有这些垃圾，你敢相信吗？"

战争导致整个社会经济很不景气，所以这

次展览在经济上并未取得什么成果。只有一幅色彩明快的自画像——《画框》被卢浮宫购买收藏。

尽管如此，弗里达却得到了法国艺术家们的极大认可。她会见了诗人保尔·艾吕雅和画家马克斯·恩斯特，得到画家霍安·米罗的高度赞美，巴勃罗·毕加索还送给了她一对小小的手形耳环，作为他们友情的象征。

后来，毕加索在给迭戈的信中称赞弗里达："不管是你、德朗，还是我，都画不出弗里达·卡罗那样的自画像。"

弗里达在巴黎期间，和毕加索一起度过了许多美好的时光。

弗里达不无开心地对周围人说："毕加索是个非常开朗的人，他对自己讨厌的人完全没有兴趣。"弗里达唱墨西哥歌曲，毕加索唱西班牙歌曲回应。尽管两人在年龄和阅历上存在差距，但他们意气相投，非常相似——纯粹、天真、烂漫、有着旺盛的好奇心。这些都让他们在彼此身上看到了自己的影子，从而成了很好的朋友。

3月17日，弗里达在给一对友人夫妇的信中写道："不管怎样，这次个展还算成功。如果只听那些恭维话（来自在绘画方面有鉴赏能力的人的称赞），应该可以说非常成功。"

对弗里达的赞美，不仅局限于艺术界。当时对香奈儿都有影响力的巴黎时尚设计师埃尔莎·斯基亚帕雷利也为弗里达的墨西哥服饰所倾倒，以此为灵感设计了一套衣服并称呼它为"里维拉夫人的礼服裙"；知名时尚杂志（*Vogue*）还让她成了封面人物。

弗里达没有陶醉在赞美中，也没有因此而骄傲自满，更没有因被贴上超现实主义的标签而无法脱身。

弗里达说，她的作品与对中产阶级造成极大冲击的超现实主义作品在内涵上有很大区别，她描绘的是她的世界——扎根于故乡墨西哥的土地、与她息息相关的一切，而不是资产阶级以及他们想象中的世界。

尽管弗里达被巴黎的美吸引，但她无法忍受那里的混乱和动荡，3月末便离开了巴黎。

迭戈令我厌倦

墨西哥的情况变得更加复杂。迭戈在弗里达离开期间，和匈牙利画家的恋爱最终导致了不可挽回的后果。

此外，迭戈还和托洛茨基闹翻了，托洛茨基从蓝房子搬了出去。

夏天来临之际，弗里达决定和迭戈分居，

于是从圣安赫尔的家搬回了蓝房子。

那所令人怀念的宅子宽敞而明亮,似乎更加迷人了。院子里长满了植物,一眼望去,蓝色、绿色、砖红色、黄色,五彩斑斓,房子上装饰的玻璃反射出天空和太阳的颜色。

弗里达的心情一直很低落,每天都窝在家里,既不出门也不见朋友。唯一能排解她胸中苦闷的就是她的妹妹克里斯蒂娜。

"姐姐,不管怎样,你是不是都应该考虑一下自己和工作的事了?"

"你难道没发现迭戈没有来看我吗?"

弗里达一直哭个不停。

"这个家里充满了伤心事,似乎越发显得小了,"弗里达哭着哭着又笑了起来,喃喃自语道,"我终于能体会那个跳楼自尽的女演员多罗黛是什么心情了。她太可怜了,心都碎了,没法解脱。"

"也许你可以选择画画。"

"没错,我可以画画。用想象把破碎的心拼起来,把这种破碎的状态画出来。"

"你拥有的力量是……"

"不如说是活下去的力量。"

不久后,弗里达开始着手构思她的大作——《两个弗里达》。这幅画几乎和实物同等大小,甚至比实物更大。画中的两人,一个是健康的弗里达,另一个是伤心流血不止的弗里达;一个是被爱着的弗里达,另一个是没有人爱的弗里达……

有时她会哭个不停,一旦这样,她的想象力、希望和思考就会陷入混乱状态。是因为迭戈,还是因为无法放弃他而闷闷不乐,又抑或是因为身体的疼痛和不自由?她也不知道为什么会这样。

"像流血一样,我的眼泪已经流干了,"弗

里达说,"也许眼泪和血是一样的,它们都是从身体里流出的液体,从裂开的伤口流出,只有足够强大的人才能化解它们。"

第五章

离婚与复婚

1939年的夏天在混乱中结束了。迭戈仍然住在圣安赫尔,很少去蓝房子。弗里达试图从没有迭戈的困顿中解脱出来,但实际上,没有了迭戈的生活在一点点耗尽弗里达的希望和活下去的信念。她拒绝和与迭戈有关的人交往,不想因为看到他们而想起和迭戈有关的一切。她躲进房间,在感到孤单无助时,就借助画画来宣泄。

《两个弗里达》逐渐完成。画面背景是布满乌云的灰色天空,两个弗里达坐着,注视着看画的人。一个弗里达穿着墨西哥传统服装,手里拿着装有迭戈小时候照片的挂坠。

另一个弗里达身着以往新娘所穿的白色结

婚礼服，领子上装饰着蕾丝，血从切开的心脏流出，试图用止血钳止住，但没有用，疼痛还在继续，弗里达的身体血流不止，礼服上沾满了不祥的斑斑血迹……

她的朋友尼古拉斯来她家拜访时，这幅画已经基本完成。虽然他之前就知道她在画这幅画，但当他亲眼看到时，他还是为尺幅之大而震惊。一直以来都只从事小幅创作的弗里达，竟然挑战了这样一幅长宽均为170厘米的巨幅作品。

弗里达对尼古拉斯说："一定要画一幅大作品，大概每个画家都会有这种想法。恐怕以后我就不能像现在这样集中精力了。"她请他到院子里，"给你看样东西。"然后指向院子里大树下的一只小鹿。

"看，这只小鹿叫古拉尼索，是我的养子之一。你是不是觉得我很幼稚？"

"弗里达,你家里除了小鹿,还有猴子、孔雀、鹦鹉、野鸡、狗什么的,简直就像个小型动物园。"

"动物就是我的孩子。"

尼古拉斯回到纽约后,收到了弗里达的来信,信里说:"我的身体越来越糟,和迭戈的关系也已经无法挽回了。"

"他说只爱我一个人,可是又对我以外所有的女人充满兴趣,这样的男人,我已经无法再继续忍受了。"

12月,弗里达和迭戈双方达成协议,正式离婚。迭戈在后来的自传中对这件事这样写道:

> 我是那么爱她,不想让她再继续痛苦下去了,所以决定和她分开。我们是相爱的,我是在欲望的驱使下才会想要和别的女人交往。

在这个世界上,他最希望有人能够理解这一点的,毫无疑问,就是弗里达。

画画是我的旅行

离婚给弗里达造成的压力,远远超出了她本人及周围人的预想。她背部的疼痛不断加重,医生为了防止弗里达脊柱扭曲,给她配备了一件沉重的特制矫正服,嘱咐她好好休养。

一个月后,弗里达剪掉了迭戈最爱的长发,脱去了墨西哥民族服装。其间,她完成了《剪发的自画像》。画中的她手里拿着一把剪刀,身上肥大的西服让人不禁联想到那是迭戈的衣服,剪掉的头发散落满地,一双眼睛注视着看画的人。对此,有评论认为,"这幅画画面很和谐,但同时透露出一种令人窒息的死亡气息,表明弗里达在努力向恋人和朋友们展示她诱人的魅力"。这象征着此时的弗里达更加自由和独立。

这之后的弗里达完全无视身心痛苦,把全部精力都投入到绘画中,《与猴子一起的自画像》《两个弗里达》《戴着荆棘项链和蜂鸟的自画像》等代表作都是在这一时期完成的。

1940年1月,墨西哥城的墨西哥艺术画廊举办了"超现实主义国际展",展出了《两个弗里达》和《受伤的桌子》两幅作品。

这次国际展由安德烈·布勒东主办,展出了阿尔贝托·贾科梅蒂、曼·雷、巴勃罗·毕加索、萨尔瓦多·达利等诸多世界著名画家和摄影师的作品。在被交口称赞的艺术家中,弗里达也位列其中。有人对弗里达说:"这次展览让人有眼前一亮的感觉,大家几乎都是为了看你的画而来的。此次作品比以前的更为精彩。"

弗里达微笑着平静答道:"年龄和阅历的

增长让我成熟了。我的身体已经不允许我想去哪儿就去哪儿了，但我不想休息，我想通过画更多的画来继续我的旅行。画画就是我的旅行，是通往内心深处的探索。"

晚上回到蓝房子，弗里达把家里的灯逐个打开，整个房间被照亮了。她独自坐在画室中央，面前的《戴着荆棘项链和蜂鸟的自画像》还没有完成。她望着画里的自己，画中的她脖子上戴着荆棘项链，皮肤被刺破了流着血，荆棘枝上垂下一只死去的蜂鸟。

她觉得这幅画看上去"似乎太孤单了，应该有被爱的感觉"，于是便加上了一些小动物——画中的她肩上站着一只黑色的猴子和一只黑猫，或许她希望用它们的皮毛来给人一种温暖的感觉。头上的蝴蝶预示了梦想，蜻蜓则象征着人生的极度脆弱……

她就这样不停地画啊画啊，直到天亮。

托洛茨基被暗杀

8月2日,报纸报道了托洛茨基被暗杀的重大新闻。弗里达得知后,一度昏了过去。因为仅仅几个月前,她还在巴黎见到过那个暗杀者拉蒙·梅卡德尔,当时还对他十分信任。

30多位警察突然闯入弗里达的家中,进行了长时间搜查,把蓝房子弄得乱七八糟。弗里达和克里斯蒂娜受到了严密监视并接受了问话。

回到家中的弗里达,无法遏制心里的愤怒。她咒骂这一切都是因为迭戈把托洛茨基接到墨西哥而造成的,她痛恨政治混乱和暗杀行为,甚至恨所有的人,她恨自己竟然会相信那个暗杀者,终日沉浸在失去往日朋友的痛苦中无法自拔。

她一边痛哭一边骂道:这一切都是迭戈造成的!

"就是因为他把托洛茨基接到墨西哥,才会导致这种后果。都是因为迭戈这个混蛋、这个畜生!我真是后悔死了!"

她扑倒在床上,把头埋进枕头里大哭不止。克里斯蒂娜抚着她的后背,安慰她,试图让她平静下来。刚开口叫了一声"弗里达",弗里达就喊道:"啊啊啊,拜托你闭嘴。我恨所有人。我恨迭戈也恨我自己,我们之间的矛盾太深了……这种野蛮的生活还有我们自己,我实在是无法忍受了。"

第二次结婚

之后,弗里达的身体状况越来越糟,墨西哥的医生们实在看不下去,建议她再次手术。于是弗里达前往旧金山,向她最信赖的大夫和朋友埃勒塞尔求助。

此次埃勒塞尔迎接弗里达的到来,除了治疗外,还有另外一个目的。他得知迭戈已经获得在旧金山创作壁画的工作委托,想借此机会促成他们两人破镜重圆。

埃勒塞尔知道,一直以来,迭戈都对离婚一事非常愧疚,特别是在得知弗里达曾被找去问话后非常难过。他觉得如果他们两人能够复合的话,一定会很幸福。

弗里达到达旧金山后,在迎接她的人群中发现了迭戈。接下来的一个月,她都在埃勒塞尔的医院里静心休养。埃勒塞尔发现情况不像墨西哥的医生诊断的那样需要手术,对此他也并不感到意外。因为他觉得提出这种不必要的手术治疗方案的可能就是弗里达本人。她的朋友中也有人认为,弗里达是想通过身体不好来引起迭戈的关心。实际上,弗里达在做她喜欢的事情，比如专心创作或玩耍时，完全不会受身体状况的影响。当她因身体不好而导致内心空虚时，与其说她是想要作出一副引起迭戈注意的样子，倒不如说她简直就是在冲迭戈喊"快来看我"。

她在精神状态好时会这样说："还是不要去想生病的事了，纠结于那些不幸和挫折会让人死掉。"

谈到和迭戈复婚的话题时，弗里达表示她现在已经不再依赖他了。她比以前更顽强、更自立，也更自信。对于迭戈的期望，她表示接受，但再婚的话，必须满足她一些条件。

首先是生活费均摊。她可以通过画画养活自己，不存在经济上的压力。

其次是，今后不会和迭戈发生肉体关系。

对于弗里达的这些条件，迭戈欣然接受。

"弗里达又回到我身边了。没有比这更开心

的事，什么条件我都答应。"

看到迭戈接受了她的条件，弗里达相信可以开始新的生活了。

1940年圣诞节前夕，在迭戈生日的那一天，他们在旧金山市政厅办理了第二次结婚的登记。

回到墨西哥城，两个人搬回了蓝房子。弗里达把自己的卧室、画室和迭戈的完全分开。

画画、日常工作、会见朋友、政治活动以及和动物们一起生活，这种安宁的生活再次回来了。达成协议的婚后生活非常快活。

关于他们的新生活，还有一件事值得一提。那就是他们开始新关系的舞台——蓝房子，弗里达对它进行了改造，把原来的欧式风格改成了墨西哥风格。

年轻时，弗里达把衣服、宝石和装扮作为自己艺术作品的一部分，如今她把家也纳入了进来。颜色和色调都充满了活力，她在选择上完全不受常识约束，就好像受到爱情滋润的孩子，随心所欲地选择自己喜欢的颜色和物品，不在乎他人的想法。

弗里达选用红色的床、黄色的墙壁和蓝色的壁板。木质结构选用红茶色，外墙选用钴蓝色，与内部颜色形成鲜明对比。改造后的房子，在科约阿坎一带显得格外引人注目。原来只有少部分人知道的蓝房子，现在几乎人尽皆知。

弗里达在日记里对各种颜色代表的意义作了以下诠释：

绿色——温暖明快的光；

紫红——阿兹特克人、仙人掌的古老血液，最具活力和最古老的颜色；

褐色——物体（厨房里用的巧克力色酱汁）的颜色、枯叶的颜色，大地；

黄色——疯狂、疾病、恐怖，一部分太阳、一部分喜悦；

钴蓝——电、纯洁、爱；

黑色——没有黑色的东西，实际也是如此，一件都没有；

叶绿色——树叶、悲伤、科学，德国的颜色；

黄绿——更疯狂、更神秘，幽灵身上衣服的颜色，至少内衣是这个颜色；

深绿——坏消息，象征着商业繁荣；

藏蓝——距离，温柔由此而来；

深红色——血？哎，说不清楚。

花、动物、孩子们……

战争在继续，痛苦还在加重，弗里达虽然

不能随心所欲地工作，却享受着以往没有过的快乐。她经常在早饭时为迭戈读报纸，因为迭戈的视力不太好，她不想让他太过劳累。吃完早饭，迭戈就到圣安赫尔那边工作，弗里达身体状况好的话就去二楼明亮温暖的新工作室里画画。

虽然最长只能坚持坐上30分钟，但她对待工作的态度非常认真。上色也从不马虎，猴子身上的每根毛，她都画得极为用心。她不会赶时间完工，有时一幅画在画架上一放就是几个月，她只有在状态好时才会竭力完成。

午后一两点，迭戈会回到弗里达的画室。当看到弗里达的新作时，他会对助手说："弗里达已经比我画得好太多了。"

弗里达与迭戈一起从楼上下来，坐在开满鲜花的院子中间，在午饭前喝上两三杯龙舌兰酒。弗里达把餐桌装饰得如同宴会桌，令人赏心悦目，食欲大开。餐具、高脚杯、食物以及插着应季鲜花的陶制花瓶，这些简直和弗里达静物画里画的一样。

他们的食物通常就是用厨房里的鳄梨酱拌过的简单食品，但客人和动物们聚在一起，餐桌上总是非常热闹。

午饭过后，弗里达或是在院子的吊床上休息，或是在院子里散步，或是在改造过的小房间里冥想。回到这个家以来，科约阿坎的院子里到处洋溢着爱情的味道。弗里达种了三角梅、天堂鸟花和百合等多种植物，它们长得无比茂盛。她还养了火鸡、鹿、猴子、鹦鹉、狗等宠物，这个家就像个动物乐园。

有个助手说："动物、孩子和花，弗里达对这些非常感兴趣。"

1942年，墨西哥城中心地区成立了一所与以往不同的学校，是一所"为大众和劳动人民提供教育机会"的美术学校，学生上学所需的一切费用都由国家承担。

在教授队伍里，迭戈和弗里达都位列其中。关于他们的职责，与其说是教学，不如说是作为艺术家言传身教去影响年轻一代。学校采用非传统的教育方式，没有固定的教室，只要是美的地方都可以作为教室来教学。

弗里达由于身体原因，经常把学生带到家里授课。每个月孩子们到她家时，蓝房子里就像过节一样热闹。弗里达一早起来就开始准备食物和冷饮，忙得不可开交，努力让孩子们"快乐学习"。

学生们在她家里可以不受限制地随意走动，弗里达鼓励他们将看到的事物随心所欲地画出来，不必拘泥于技巧，她也从来不会随意批评他们。如果要说她在教学生们学习绘画技术方面的特殊之处，那就是她认为学习画画没有规则，重要的是把自己的感受最大限度地表达出来。

弗里达坚信自己应该以画家的身份来教学，而不是以教师的身份，这样的经验才会给学生提供更大帮助。和画家一起平等地步入艺术世界，观察并学习画家的观察方式和方法，这让学生们很快就喜欢上了她的教育方式。此外，弗里达本人美丽、感性，充满热情，对学生悉心呵护，成了学生们心目中最理想的老师。

当时，唯一的女学生凡妮·拉贝尔这样描述弗里达：

"弗里达拥有迷人的才华，对人生充满了热爱，就像'行走的花朵'一样富有情趣。她对我们非常亲切，和我们平等相处。相处一段时间后，我们都已经离不开她了。"

第六章

希望之树,要坚强

夜幕降临

1941年,弗里达的父亲吉列尔莫去世。

失去父亲的弗里达悲痛万分,无论周围的人怎样安慰她,都无法将她从痛苦中拯救出来。她在给埃勒塞尔医生的信中写道:

> 父亲这样对待我实在是太残忍了。我不认为他是死于身体衰弱,应该是过度消瘦造成的。父亲是个善良的、了不起的人。

从下面这段话可以看出她的失落:

有段时间我以为噩梦不会再缠着我了，可它还是回来了。我一连几天都会梦到他对我说："你们一定以为我是死于心脏病突发，但其实并不是。我要去和你的母亲会合了，你知道吗？这么长时间以来，她都是一个人……"

"母亲离开我们确实已经很久了。"我回答他说，然后捂着脸像孩子一样哭了起来。我看着父亲，父亲也流下了大颗大颗的眼泪，像玻璃球一样又圆又亮。"我是来带你走的，用不了多久，你的夜幕也会降临，黑夜将张开它巨大的翅膀。弗里达，你觉得我说得对吗？"

后来她又说道：

1941 年春天，父亲去世了。他走得太

突然，让我很难接受。我是那么爱他，他教会了我很多东西——人生的痛苦、肉体的痛苦、观察、读书以及诚实。

父亲的水彩画、挥之不去的忧伤、用惯了的系着旧皮带的照相机、父亲的口音、发黄的德国版乐谱以及他失去活力的故乡——巴登-巴登。父亲是那样信任我，为了我的发展花掉了很多积蓄。

爸爸，我亲爱的父亲，威廉·卡罗，我没有背叛您，我已经倾尽了全力。为您画的那幅肖像画，现在就在我的身边。

她每天都会梦到父亲，于是开始阅读在梦的解析方面非常著名的精神科医生西格蒙德·弗洛伊德的书籍。她最后得出了结论——"生命即将走到尽头"。

也许很快了。

就像父亲您所说的那样,"用不了多久了"。

我的夜幕快要降临了——爸爸,您快来看。

我是不是将被那片蓝色带走?

请您把手伸出来吧,

我的夜幕降临了。

破碎的柱子

弗里达的健康状况逐年恶化,她先后穿戴了石膏和皮革的矫正服,然后从1944年开始用上了钢制矫正服。虽然这样可以使弗里达的背部得到支撑,她的痛苦却丝毫没有减少。她开始变得消瘦,有时只得采取高营养疗法,甚至有时不得不输血。

1945年，外科医生为她的右脚定制了义肢。她再次穿上了新的石膏矫正服，但持续的疼痛使她无法再长时间穿戴。除了后背，头部、胸部也开始疼痛，于是只好脱掉矫正服，采用X射线、镇痛剂、强心剂等各种注射针剂和药物治疗……医生命令她卧床休息，但这都不是长久之计。

1946年，在医生的建议下，弗里达不得不接受脊柱手术。在收集了大量国内外信息后，弗里达选择住进了纽约的特种外科医院。

5月，弗里达带着克里斯蒂娜前往纽约，接受了一次高难度手术——用15厘米的金属板将骨盆的骨碎片连接固定，腰椎四节骨骼被重新连接。术后不久，她在给永远的朋友亚历杭德罗（没错，就是令她念念不忘的高中时期的初恋情人）的信中提到这次手术：

大手术总算结束了。医生们在我后背和腰部的骨头上划来划去，划了三个星期。现在我渐渐恢复了体力。今天，那条瘦弱的腿竟然能支撑我稍稍站起来了，我简直不敢相信。刚开始那两周，疼得我一直哭，谁都不知道那是怎样的痛苦。痛苦是极其粗暴、极其危险的东西，幸运的是，这一周，我终于可以不用靠大喊大叫熬过来了。

不管好歹，吃药还能让我活下去。头发中有两处伤口，大概是这个样子（她画了一个草图）。

手术后，医生禁止弗里达在接下来的一段时间里画画。然而，弗里达并没有听从医生的劝阻。

秋天，回到墨西哥后，弗里达再次穿上了钢制矫正服，在接下来的 8 个月里都没有脱下。

当背部的疼痛令她无法忍受时,她只得靠吗啡来止痛。墨西哥的医生认为,在美国的手术中,在连接腰椎时出了差错。一年后再次手术时,这种担心竟被不幸言中。

弗里达越来越失望。在这之后,她的健康再也没有恢复。医生们承担了完全照顾她的责任,一次又一次地让她穿上矫正服,而她右腿的萎缩情况也开始加重,没过多久,右手原本已经恢复的皮肤病再次复发。

弗里达已经彻底绝望,口服药、针剂和矫正服都无法改善她的身体状况,反而加快了恶化的速度。唯一能让她减少痛苦和麻痹自己的方法就是画画。

在20世纪50年代之前,她完成了大量美丽且充满痛苦的作品。

在《破碎的柱子》(1944)中,弗里达头发散开,流着眼泪,赤裸着身体,穿着矫正服,身体被切开，一根破碎成段的希腊式圆柱嵌在身体里，全身钉满了钉子，表示疼痛的部位。

同年，她还完成了《迭戈与弗里达，1929—1944》来纪念两人结婚 15 周年（排除短暂离婚的那一年）。她将自己和迭戈的脸各取一半合二为一，画在一个长着根的心脏里。

1945 年，她完成了一幅惊人的作品——《没有希望》。弗里达躺在床上流泪，把所有喂给她的东西都吐了出来——猪、鱼、人的头骨以及生命……

在前往纽约接受手术之前，她画了一幅《受伤的小鹿》。在这幅自画像里，她长着鹿的身体，一支支箭深深扎入她的背部和心脏，象征着弗里达在现实世界里的伤口还没有愈合。

完成外科手术后，她又画了一幅《希望之树》。在画中，一个弗里达躺在担架床上，后背上是新割开的伤口；另一个弗里达穿着红色的礼服,坐在床边,表情严肃,美得令人窒息,她一手拿着矫正服,另一手拿着一面旗子,上面写着"希望之树,要坚强",似乎是在鼓励自己;太阳照耀着手术中的弗里达,而另一个弗里达被笼罩在夜色中,她们前方的脚下是一道深渊。

一直到1950年,她的病情每况愈下,身体和精神状况急剧恶化,再也没有恢复。

表面乐观的弗里达,内心却充满了痛苦。在绘画的世界里,通过探索事物的内在来掩饰人生的不完美,这是她获得自由的唯一途径——这也是弗里达半个世纪的人生历程。

身体阻止我前行

1950年,弗里达的身体已经糟糕到了极点。

1950年以后一年多时间里，我一直在生病，脊柱做了7次手术。

为了将椎骨接上，她住进了墨西哥城内的英国医院进行手术。不幸的是，手术并没有取得成功。术后，后背的伤口裂开，矫正服下的部位反复化脓，感染了身体内部。抵抗力和体力极度衰弱的弗里达，不得不接受通过强制性输液和输血来补充营养，服用了大量药物和维生素，效果却事与愿违。

一年后，她终于出院回到家里，这时的弗里达又恢复了天生的乐天派性格。

我现在用上了轮椅，不知道以后还能不能行走。穿着石膏矫正服虽然会有些不舒服，但似乎对我的背部恢复很有效。无论如何，我还想活下去。我开始画些小幅的画了，打算送给法里尔医生并奉上我全部的爱。

发泄积怨的对象只有始终陪在她身边并照顾她的克里斯蒂娜。

"不行了，我已经不能画画了。"

"你太着急了，什么都需要时间，恢复身体也是如此。"

"没错……死也需要时间。"

"不要这样，弗里达……"

"就算是能再活一段时间，我也没有机会去看尤卡坦半岛的玛雅金字塔和佛罗伦萨的大师杰作了。身体已经不允许我去了。连爱的时间都没有了，即便想爱，身体也不允许了。"

弗里达坐在轮椅上，完成了答应送给法里尔医生的《与法里尔医生的肖像画一起的自画像》。这幅作品和以往颜色鲜艳的作品风格大不相同，显得非常朴素。在画中，画架上是法里尔医生的肖像画，画架前是坐在轮椅上的弗里达本人，她一只手拿着心形的调色板，另一只手握着多支画笔，笔尖滴着血。

还想画画

1953年4月，弗里达在墨西哥城举办了一场个人回顾展。邀请函由弗里达本人亲自撰写：

> 带着发自内心的
> 友谊和爱，
> 我诚挚地邀请您
> 莅临我的简陋画展。
> 晚上8点，

——既然大家都有手表——

我将在洛拉·阿尔瓦雷斯·布拉沃画廊

静候您的光临。

那天晚上,受邀的人们如约而至,大家屏息静候主角的出场。她还会来吗?比起欣赏她的画作,有些人似乎对见到那个快死的弗里达更有兴趣。人们聚集在那里,议论纷纷……有人说,弗里达在家已经动不了,走不了路了;有人说,她已经在来画廊的路上了。

当人们对她的到来不抱希望时,远处传来救护车的警报声。接下来的这一刻,人们看到了神奇的一幕——躺在床上的弗里达出现在了画廊里,她戴着漂亮的首饰,头发被认真盘起。人们排着队纷纷向躺在床上的弗里达表达祝贺并献上拥吻,安慰她一定能摆脱疾病好起来的……

"一定要痊愈!"弗里达说,"不过,我不是病人,我只是坏掉了。"

疼痛还在持续,弗里达好几次不得不来到画廊角落里注射止痛剂。每当这个时候,嘉宾们就像参加宗教仪式一样站在一旁。

"这简直就是个葬礼。"

"她看上去像个令人毛骨悚然的怪物。"

"受不了了,我要回去。"

嘉宾中开始有人准备提前离去。有人对弗里达伤心地说自己受不了这种气氛,弗里达回答说:"我只希望你们知道,我还想画画。没错,我想画画,永远都想。"

实在无法再坚持了,弗里达只得再被救护车送回家,车子渐渐消失在夜幕中。

如果我有一双翅膀

春天过去了,已是初夏,而弗里达没有丝毫恢复的迹象。她虽然还想画画,但一直抖动的手让她根本无法下笔,画出的也都是一团糟。此外,她的右腿也在继续恶化。由于血液无法回流,虽然还残存着三根脚趾,但已经不能称之为脚了。医生们建议她截肢,弗里达哭着拒绝:"不行!绝对不行!"

"不截肢的话,不仅对身体没有帮助,还有可能导致全身腐烂。"

"这跟没有身体有什么区别……"

哭了一晚上后,她对悄悄走进屋子的迭戈用一种挑衅的语气说道:"让那些人把我的腿截掉算了。这条令人恶心的腿除了会让我的身体跟着一起腐烂外,还有什么用?赶快把这个累赘处理掉,好让我清爽清爽。"

迭戈什么都没有说。

"迭戈，你听到了吗？快，快！早下决心好了。留着这么一条腿还有什么用？没错，这腿不仅不能让我走路，还会增加我的痛苦。"

她闭上了眼睛，对着自己喃喃自语："棍子腿弗里达！瘸子弗里达！这些绰号这下名副其实了。小孩子原来一早就看穿了这一切啊。"

手术前一个月，弗里达度过了她的46岁生日。白天，她和家人、朋友聚在一起，开心地跳舞；晚上，她在蓝屋子里整夜痛哭。迭戈再也无法忍受，搬到了圣安赫尔，他一下子老了很多。

从手术麻醉中稍稍苏醒后，弗里达的意识还没有完全恢复。她对旁边的护理人员喃喃道："这里好像沙漠……如果我有一双翅膀，还要那条不能走路的腿做什么？"

夏天来了，弗里达还是没能恢复，痛苦还

在持续，身体越发虚弱，并且出现了肺部感染并发症。克里斯蒂娜对热得无法忍受的弗里达说："你还记得小时候的暴雨吗？"

"嗯，记得，那场雨真好……"

"弗里达，你听，打雷了。"

"把手给我，克里斯蒂娜。我想去院子里，让雨冲走我所有的痛苦。"

"你这个样子怎么能行？"

"棍子腿、瘸腿女王会带领瘸子走的。"

"不行的。"

"那就把窗户全部打开。大雨会把我带到河里，我要让河水带着我，带到河口，从瀑布上冲下来。现在连旅行都去不了了。"

"还会有机会的。"

"也许不会再有了。舞也没有跳够，恋爱也没有谈够，画也没有画够，唉，怎么会成这样？"

"弗里达，不要哭了。"

"不哭了，再哭就上不来气了。"

1954年7月2日，弗里达执意要去参加一次反美示威游行，无论谁劝阻都不管用。弗里达坐在轮椅上，迭戈推着她到了现场。这时的弗里达已经无比虚弱了，憔悴的脸上，一双黑眼睛显得格外大……

"我知道我的脸上写满了痛苦。但即便如此，我还是相信还有比病痛和烦恼更有意义的事情要去做。我看到了我在游行时的照片，照片上的我只剩下影子了，真想把照片撕了……不行了，连撕的力气都没有了。"

她终于耗尽了全部气力。在过完47岁生日后，弗里达的人生走到了尽头。

1954年7月13日早上，躺在床上的弗里达永远地闭上了双眼，医生给出的死因为肺栓塞。

她最后的画是哪一幅？——《生命万岁》。这是一幅以切开的西瓜为主题的静物画，画中的西瓜看起来十分香甜。在日记的最后，她写道："我希望离世是快乐的，我不愿再来。"

永远的弗里达

包括前总统拉萨罗·卡德纳斯在内的政要、国内外文化艺术界的知名人物、友人、学生及家族成员出席了在墨西哥城国家美术馆举办的葬礼。

人们为她的遗体化了妆，将她的长发盘起，系上丝带，把她戴满了戒指的手叠放在一起并为她盖上美丽的毯子。最后，迭戈将一面上有镰刀锤头图案的旗帜盖在了她的棺椁上。而这一行为不仅在当时招致了非议，更在后来引发了一场论战，甚至美术馆馆长安德烈斯·伊杜阿尔特因允许这一行为发生而不得不辞职。

在多洛雷斯公墓的火葬场，弗里达的遗体被火化。迭戈从口袋里掏出记事本和铅笔，透过泪眼，将弗里达最后的样子画在了纸上。

弗里达的身形渐渐消失在火焰中。

年　表

年份	年龄	大事记
1907 年	0 岁	7 月 6 日出生于墨西哥城科约阿坎；父亲吉列尔莫是有着匈牙利血统的犹太人，母亲玛蒂尔德是西班牙人与印第安人的混血
1910 年	3 岁	（墨西哥革命爆发）弗里达后来声称自己出生于这一年
1913 年	6 岁	患有小儿麻痹症，右腿留下后遗症，被唤作"瘸子弗里达"
1914 年	7 岁	（第一次世界大战爆发）
1917 年	10 岁	（俄国十月革命爆发）
1922 年	15 岁	进入国立预科学校学习；加入校内的"卡丘查"社团；个人理想是成为一名医生
1923 年	16 岁	和亚历杭德罗·戈麦斯·阿里亚斯开始初恋

续表

年份	年龄	大事记
1925 年	18 岁	9 月 17 日，乘坐巴士时遭遇车祸，全身多处骨折，腹部被扶手穿透，留下影响终生的后遗症
1926 年	19 岁	完成第一幅自画像——《穿天鹅绒衣服的自画像》
1928 年	21 岁	加入共产党；在迭戈·里维拉的指导和鼓励下，继续从事绘画创作，并以此为契机开始参与各种社交活动
1929 年	22 岁	8 月 21 日，与迭戈登记结婚
1930 年	23 岁	11 月，借迭戈出国工作之机，与他一同前往美国旧金山；接受埃勒塞尔医生的诊断并对他寄予信任
1931 年	24 岁	完成《弗里达和迭戈·里维拉》；6 月，回到墨西哥；11 月，前往美国纽约，迭戈·里维拉举办回顾展
1932 年	25 岁	迭戈接受了底特律美术馆的壁画绘制工作；4 月，与丈夫一起前往底特律；7 月 4 日，流产，入住亨利·福特医院；9 月 16 日，母亲去世，短暂回国；创作了《亨利·福特医院》《我的诞生》及素描《流产》《我的诞生》等作品

续表

年份	年龄	大事记
1933 年	26 岁	3 月，回到纽约；5 月，迭戈在洛克菲勒中心的壁画绘制工作被中止；6 月，迭戈接受在纽约新工人学校的壁画创作邀约；12 月，回到墨西哥，搬进圣安赫尔的新居
1934 年	27 岁	再度怀孕，但因危及生命，不得不终止妊娠；腿疾状况恶化，多次入院治疗；发现丈夫和妹妹偷情，痛苦不已
1935 年	28 岁	和丈夫分居，7 月前往纽约散心；与野口勇相恋；完成作品《稍稍掐了几下》
1936 年	29 岁	完成作品《我的祖父母、我的父母和我》
1937 年	30 岁	将托洛茨基夫妇接到科约阿坎家中；与托洛茨基相恋；完成作品《献给托洛茨基的自画像》
1938 年	31 岁	安德烈·布勒东夫妇访问墨西哥，弗里达作品获得布勒东的赞赏；秋天，在纽约举办个展并获得成功
1939 年	32 岁	1 月，第一次来到巴黎，受到超现实主义者接待；与毕加索、康定斯基、米罗等人结识

续表

年份	年龄	大事记
1939 年	32 岁	3 月，在皮埃尔·科勒画廊展出作品；4 月，回到墨西哥；12 月，与迭戈离婚；完成作品《多罗黛·黑尔的自杀》《两个弗里达》（第二次世界大战爆发）
1940 年	33 岁	1 月，参加在墨西哥城举行的"超现实主义国际展"；9 月，前往旧金山，接受埃勒塞尔医生的治疗；12 月 8 日，与迭戈复婚；完成作品《献给埃勒塞尔医生的自画像》《戴着荆棘项链和蜂鸟的自画像》《与猴子一起的自画像》《剪发的自画像》《受伤的桌子》等
1941 年	34 岁	父亲吉列尔莫去世
1942 年	35 岁	与迭戈一起任教新成立的文化教育部绘画雕刻学校埃斯梅拉达
1943 年	36 岁	完成作品《思考着死亡》《根》《与猴子们一起的自画像》等
1944 年	37 岁	背部和腿部状况急剧恶化；完成作品《破碎的柱子》《迭戈与弗里达，1929—1944》
1945 年	38 岁	完成作品《没有希望》《摩西》

续表

年份	年龄	大事记
1946 年	39 岁	6 月，在纽约的特种外科医院接受手术；完成作品《受伤的小鹿》《希望之树，要坚强》等
1950 年	43 岁	住进墨西哥城的英国医院，接受法里尔医生的手术治疗
1951 年	44 岁	完成作品《与法里尔医生的肖像画一起的自画像》
1953 年	46 岁	4 月，在墨西哥城的洛拉·阿尔瓦雷斯·布拉沃画廊举办个展，弗里达由救护车送到现场；8 月，右腿被截肢
1954 年	47 岁	7 月 2 日，坐在轮椅上，由迭戈推着，参加了反美示威游行，之后病情恶化；完成最后的作品《生命万岁》；7 月 13 日，死于肺栓塞

参考文献

本书在写作时参考了以下书籍和资料,感兴趣的读者可进一步了解阅读,相信一定会有新的收获。另外,部分书籍可前往图书馆等处查阅。

《弗里达·卡罗——剪下太阳的画家》,罗丹·贾米著,水野绫子译,河出书房新社,1991年

作者罗丹·贾米,生于法国,生长在一个由墨西哥画家和古巴作家结合的家庭里。罗丹·贾米是一位作家兼记者,她用法语写下了弗里达的第一部传记。她对弗里达留下的大量日记、信件等进行了精心整理,把弗里达兼具软弱与坚强、细致与大胆的性格特点，复杂的人际关系以及对弗里达作品的解读都作了客观描述，并通过弗里达自述的方式呈现出来。自画像，既是画家的作品，也是画家本人的自传，但是在客观表达上略显不足。在这本书中，弗里达不再是那位拥有罕见才能的艺术家，她正视自己的软弱和不安，坚持"自我"的独一无二，与此同时又充满了坚韧和勇气——这是此书最大的魅力所在。弗里达正视痛苦的根本所在并将之诉诸笔端，反复体会并试图战胜痛苦——她的这种顽强的精神对现在的我们仍然是一种激励。

《弗里达·卡罗——痛苦才是真实的我》，克里斯蒂娜·碧利斯著，远藤裕里香译，堀尾真纪子监修，创元社，2008年

该书以时间为序，配以大量图片和照

片，背景介绍文字简洁、紧凑，弗里达的经历和作品一目了然，是一本了解弗里达的入门书。卷末附有整理过的信件、日记以及对她周围的人的采访记录，从中使人感受到弗里达的率真、纯粹和敏锐的感受力。弗里达坚持"真正地为自己而活"并将这种信念在她的艺术领域里充分得以展现，使得不同时代、不同文化和不同国度的人们不禁为之倾倒。

《充满爱与苦恼的画家——弗里达·卡罗》，玛鲁卡·达尔科著，斋藤伦子译，Holppub 出版，1995 年

我们之所以为弗里达的作品深深感动，不仅是因为我们对她的不幸产生同情，对她的痛苦感同身受，更重要的是，我们每个人都有各自的无奈，而她就是激励我们"坚持活下去"

的榜样。该书简洁易懂,使弗里达的形象跃然纸上。

《弗里达·卡罗——被撕碎的自画像》,堀尾真纪子著,中公文库,1999年

本书作者是一位美术家,她在接触到弗里达的作品后,开始"重新审视生活的态度",为此曾先后4次自费前往墨西哥,对弗里达的初恋情人亚历杭德罗以及她的学生们进行了多次采访。她尝试着去体会弗里达的经历,从而探索弗里达的内心,对她充满了深深的敬意。这是第一部由日本人撰写的评传。遇到弗里达的作品后,作者决心从世俗的框架中解放出来,遵循"原本的自我"的信念生活下去,在文末与美术家横尾忠则先生的对话也妙趣横生。

《弗里达·卡罗的低语》，森村泰昌、藤森照信著、艺术新潮编辑部著，新潮社，2007年

该书包括以作品为主线对弗里达生涯的回顾（由美术家森村泰昌先生执笔）、从建筑家的视角对弗里达两处居所（科约阿坎和圣安杰尔）的阐释（由藤森照信先生执笔），以及编辑部的解说，为初步了解弗里达的人们打开了一条通往弗里达世界的大门。在对"（弗里达）连成一线的眉毛"的解说中，读者可以感受到曾尝试模仿弗里达作品风格的森村先生细腻独特的笔触，以及他对弗里达本人的敬意。

《塔森新基础艺术系列——弗里达·卡罗》，安德里亚·凯特曼著，译者佚名，塔森·日本，2001年

回顾世界画家作品与生涯的系列作品之

一。书中附载了诸多珍贵的照片,如弗里达父母结婚照、弗里达的男装照以及晚年弗里达与迭戈的二人合照等,此外还有多张素描,甚至涉及迭戈的一些作品。书中图片资料极其丰富,在其他资料中未曾见到。在了解了弗里达的生涯后,再翻看这些资料,有助于走进弗里达的世界。

其他参考文献

《岩波艺术·书库——弗里达·卡罗与迭戈·里维拉》,伊莎贝尔·阿尔坎塔拉、桑德拉·艾格诺夫解说,岩崎清译,岩波书店,2010年

《弗里达·卡罗与迭戈·里维拉》,堀尾真纪子著,武田兰登书屋,2009年

《弗里达·卡罗——生涯与艺术》,海登·埃雷拉、野田隆著,有马郁子译,晶文社,1988年

《弗里达·卡罗——痛之画笔》，玛尔塔·扎莫拉著，玛丽琳·里德·史密斯编，北代美和子译，Libroport，1991 年

电影作品 DVD 等
《弗里达》，角川电影，2010 年

思考题

思考题 1

弗里达在人际关系的洞察力方面天生敏感,在进入国立预科学校后,这种能力变得更强。她是如何具备这种敏锐的人际观察能力的呢?

思考题 2

遭遇车祸后的弗里达,术后躺在床上无法自由活动。当时她虽然没有接受过绘画训练,却开始热衷于自画像的创作,请说明原因。